经济金融前沿译丛

助推金融危机

——系统性风险与监管失灵

Engineering the Financial Crisis

Systemic Risk and the Failure of Regulation

杰弗里·弗里德曼（Jeffrey Friedman）
弗拉迪米尔·克劳斯（Wladimir Kraus） 著
段 灿 张 霞 等译
周明生 审校

中国金融出版社

责任编辑：马　杰
责任校对：刘　明
责任印制：丁淮宾

图书在版编目（CIP）数据

助推金融危机（Zhutui Jinrong Weiji）：系统性风险与监管失灵/杰弗里·弗里德曼，弗拉迪米尔·克劳斯著；段灿，张霞等译；周明生审校．—北京：中国金融出版社，2013.7
ISBN 978－7－5049－6963－7

Ⅰ.①助…　Ⅱ.①杰…②弗…③段…④张…⑤周…　Ⅲ.①金融危机—研究—世界　Ⅳ.①F831.59

中国版本图书馆CIP数据核字（2013）第094940号

出版发行　中国金融出版社
社址　北京市丰台区益泽路2号
市场开发部　（010）63266347，63805472，63439533（传真）
网上书店　http://www.chinafph.com
　　　　　（010）63286832，63365686（传真）
读者服务部　（010）66070833，62568380
邮编　100071
经销　新华书店
印刷　保利达印务有限公司
尺寸　169毫米×239毫米
印张　14.25
字数　176千
版次　2013年7月第1版
印次　2013年7月第1次印刷
定价　36.00元
ISBN 978－7－5049－6963－7/F.6523

翻 译 人 员

段　灿　张　霞

张馨予　程慕华

李燕华

缩　略　词

ABCP	资产支持商业票据（由 OBSEs 发行的短期借款）
ABS	资产支持证券（如 MBS）
ABX	由 CDS 生成的 MBS 的一种价格指数
AIG	美国国际集团
ARM	可调整利率抵押贷款
BCBS	巴塞尔银行监管委员会
BHC	银行控股公司
BIS	国际清算银行（位于瑞士巴塞尔）
CCF	信用转换系数
CDO	担保债务证券（从 MBS 部分资产池中衍生而来）
CDS	信用违约互换（针对违约的保险）
CFTC	商品期货交易委员会
Fannie Mae	联邦国民抵押贷款协会
GDP	国内生产总值
Ginnie Mae	政府国民抵押贷款协会
GLBA	金融服务现代化法案
GSE	政府资助企业（如房利美、房地美）
HELOC	房屋净值信用额度
HUD	住房和城市发展部
IFRS	国际财务报告准则

IMF	国际货币基金组织
IRB	巴塞尔协议Ⅱ的内部评级选项
LIBOR	伦敦银行同业拆借利率
LTCM	长期资本管理公司
LTV	（按揭）的贷款价值比率
MTM	盯市（按市场价格）会计准则
MBS	抵押支持证券
NRSRO	全国认可的统计评级机构
OBSE	资产负债表外实体
OCC	美国货币监理署
OTS	储蓄机构监理局
OTTI	非暂时性受损
PLMBS	私人抵押支持证券
SEC	证券交易委员会
SIV	结构性投资工具
S&P	标准普尔
SPE	特殊目的实体
SPV	特殊目的载体
TARP	不良资产救助计划
TBTF	太大而不能倒

目　　录

图表索引

图

表

引　　言

这不是一本普通的关于金融危机的书籍。它是经济学家（Kraus）和政治理论家（Friedman）通力合作完成的，这本书适合那些既想了解金融危机成因又想了解这些成因揭示了资本主义和现代政府哪些本质的读者。在第 4 章谈到上述问题的同时，我们会讨论当代经济（第 1 章）和形成当代经济的现代政治文化中存在的方法论和逻辑上的难题。在第 1、3、4 章以及附录 I 中，我们批判了现代经济学和现代政治学对人类无知——普遍现象和危机的可能成因——的忽视。我们希望本书的这些部分能引起历史学家、哲学家、法律理论工作者、政治学者、社会学家以及经济学家和有知识基础的业余人士的兴趣。

简单来说，我们讨论了：

1. 没有证据表明这场危机是由房利美和房地美的借贷行为引起的，它引起的只是房地产泡沫（第 1 章）。

2. 没有证据表明这场危机是由于银行相信它们“太大而不能倒”，因而在按揭支持债券上疯狂下注并相信政府会帮助它们摆脱困境而引起的（第 1 章）。

3. 没有证据表明这场危机是由银行的奖惩机制，趋于奖励制造利润而不惩罚造成损失而引起的（第 1 章）。

4. 没有证据表明这场危机是由任何人的“非理性繁荣”引起的（第 1 章）。

5. 有证据表明监管放松引起了危机。我们的意思是可以预想如果之前这些规定已存在，那么本可以阻止这场危机的发生。但是在第1章，我们通过因果关系批判了事后型政策。过去发生了什么和过去本应发生什么的混淆是由当代政治推崇的“政策倾向”造成的学说畸形。

6. 有证据表明危机是由资本充足规定引起的，它影响了世界范围内的银行的杠杆率，更重要的是它影响了银行持有的资产类型。巴塞尔协议Ⅰ（1988），第一份关于资本充足规定的国际性协议，它要求银行用于商业贷款和消费贷款的资本金额是用于按揭抵押贷款的两倍以上。巴塞尔协议Ⅱ（2005）要求银行用于商业贷款和消费贷款的资本金额是用于AAA级抵押支持债券（MBS）的五倍以上。在生成巴塞尔协议Ⅱ的协商过程期间，美国金融监管机构颁布了一个仅限于美国银行的资本充足规定，即追索权条例（2001），它也要求银行用于商业贷款和消费贷款的资本金额是用于AAA级抵押支持债券的五倍以上。特别是追索权规定，看来激励了美国银行积聚将近5 000亿美元的AAA级的MBS。我们认为这是引起这场金融（例如银行）危机的最可能的因素（第2章）。

7. 这场金融危机，通过一起始于2007年中期的信贷收缩，进而传递到非金融的或“实体”经济。原因在于银行被要求将它们持有的抵押支持债券以市价计算，这样才能缓解由于次级按揭贷款违约率上升而引起的关于这些债券价值的市场恐慌。我们关于信贷收缩的证据呈现在第1章，名为“大萧条如何开始”的部分中。关于会计准则扮演的角色的证据呈现在第3章中。

8. 对MBS的AAA级评级权仅授予三家债券评级公司——穆迪、标准普尔和惠誉国际——这三家公司，由于一个源于1975年的证券交易委员会规定，而受到保护，免于竞争。不仅银行家，包括所有投资人都没有意识到这三家公司是受保护的，或是没有意识到这种保护对于它们评级结果正确性的暗含意义。没有意识到这些的当然也包括银行监管者，是他们将这三家公司的评级吸收到追索权规定和巴塞尔协议Ⅱ中去了。

第1章评估了（并主要拆穿了）传统观念中关于金融危机成因的各种因素。然而，那些仅对我们关于危机成因解释感兴趣的读者，也不能错过第1章。因为它包含故事中关键一环：按揭支持债券的运行机制。它在第1章名为“私人抵押债券如何运作”的部分被解释得很清楚，几乎适合所有读者阅读。

至于由危机引起的更宽泛的问题，我们不提供确切的答案，但是我们提供的答案，至少是不同寻常的。

就我们所知，危机是由于各方的无知造成的。购买这些抵押支持债券的银行家们忽视了这些债券对于房价下滑的脆弱性，或者（更可能的是）他们忽视了房价下滑的可能性。那些鼓励银行积累按揭支持债券的监管者也是类似的无知。明显地，监管者对他们这一行为可能最终会引起如此灾难性的后果毫不知情，但是，联邦存款保险公司（FDIC）的主席，在回顾过去的时候，承认了追索权规定是一个可怕的错误，原因在于监管者对于潜在后果的无知（第4章）。

关于未来的不确定性，约翰·梅纳德·凯恩斯（John Maynard Keynes）曾写道：“我们就是不知道！”这场金融危机的一般观察者可能会想这太明显了——毕竟，哪个银行家会采取将能摧毁他们银行的举措呢？又或哪个监管者会采取破坏银行体系的行为呢？——但是我们认为，经济学的学术科目中预先充斥着这样一种“诱因”，使得经济学家倾向于认为，不管我们的复杂世界发生了什么，都是由在结局中有自己利益的经济人有意造成的，不管结局有多糟糕。[1]我们对复杂现实的无知，这一真正的错误，在主流经济学家理论模型中没有一席之地。稍微讽刺一点来说，经济学家倾向于认为，发生的所有事都是在那些对世界有充分认识，从而对他们行为引起的结果有完美理解的经济“代理人”预料之中的。

暗含的意思是，这些行为者操纵的世界一定是一个非常简单的、透明的以及很容易就能理解的。这种简单化与当下正在流行的政治论调中的阴谋理论不谋而合，这样，经济学家的理论导向“太大而不能倒”（TBTF）以及公司奖惩机制的故事得到完美的表述，并得到广泛的认可。但是在这一点上，“人们”错了。

对于现今目的更重要的是，经济学家创造了关于这场金融危机的神话。我们相信这一事实触碰到了由这场危机引起的广泛而系统化问题的中心。所以，在写这本书的时候，我们没有犹豫，就我们看到的，直接点出那些宣称这场危机是相当于无意的神话编造式的著名经济学的名字。专家的易错性狠狠地打击到我们，不仅仅是因为在回顾什么引起了这场危机时，他们中很多人犯错了，而是因为其他专家在预测资本充足规定和会计准则会有良性结果时犯错了，我们认为正是这两项规定极大地促进了危机和经济衰退。但是这些专家中没人应得到指责（我们绝对不会认为他们是故意犯这些错的）；考虑到人类无知和易错性，他们已经做到了最好。

这种情况产生了政策上的以及经济理论上的真正的困境，如果不求助于专家，那么在应对这一复杂世界时我们还能求助于谁呢？除了把监管资本主义的权力放在专家手中，我们还有什么其他选择呢？我们将在第 4 章讨论这些问题。

1　奖金、非理性及过大：关于金融危机及其理论含义的传统观点

到 2010 年末，有关金融危机原因的传统观点中的 6 个原理已付诸实现：

1. 2001 年到 2005 年极低的利率激起了美国全国范围内几乎前所未有的房产泡沫。

2. 两个由政府资助的企业（GSEs）——房利美和房地美，放松自身的贷款标准，助推了危机。

3. 金融放松管制允许“影子银行”创造次级贷款并使之证券化。

4. 银行使用的薪酬体系，尤其是创收业务所支付的奖金鼓励银行家用大量借来的钱（杠杆），通过购买抵押贷款支持债券来打赌房地产可以继续繁荣。如果还清这些赌注，银行家们将获得丰厚的回报，但是如果这些赌注变糟，他们也不会受到惩罚。

5. 银行家们知道他们的银行“太大而不能倒”（TBTF），于是他们不顾一切地投资，因为他们确信如果灾难发生他们将获得救助。

6. 非理性繁荣导致投资者去购买由次级抵押贷款支持的有价证券，但其未注意这一事实：当住房价格最终下降时，这样的抵押借款将有可能违约。

在这一章，我们将面临具有确凿证据的传统观点的六个原理，我们希望，合理的推理是为了使我们自己论据的理由明白易懂，归根到

本质，这场危机是监管的失败，其元凶不是我们通常针对的因素，而是被称为巴塞尔协议的这套监管银行资本水平的规定。

2009 年前几个月，我们对当时提供的分析不满意，因此开始研究金融危机。那时，这里只有（可以理解）缺乏证据的假设，他们中的许多人，也同样似是而非，互相矛盾。此外，比起我们刚才列出的六个原理还有更多的假设，部分是由于危机理论丰富的结果，也有一个普遍的认识，即无人能够令人信服地解释出了什么问题。人们发现现存范式的经济学有所不足，而新的思维被认为不仅是可能的而且是强制的。这使得金融危机不仅是一个重要的论题，因为它导致了人类悲剧，而且是一个在智力上令人兴奋的研究领域。

然而，很快政治家和政治理论家开始探讨那些证实他们偏好的假定，好像它们是既成的事实，并且这些理论最终形成了传统观点。因此，保守派渴望通过假设 1、假设 2、假设 5 把危机归咎于政府，而自由主义者渴望通过假设 3、假设 4、假设 6 将危机归咎于资本主义。

也有一些诡辩法的学术形式。大多数对危机的学术评论是由专业经济学家撰写的，而实际上，专业经济学家能使用的一个武器是理性选择理论。这意味着说经济学家能够识别的一个因果变量是“动机”，为其他人所知的就是“谋利动机”。如果发生经济灾难，那么对于大多数经济学家，它一定是由于不当激励。第 4 项及第 5 项，奖金假设和“太大而不能倒”的假设，完全符合经济学家的模板：每一个理论都假定一个银行家们从事鲁莽行为的动机，这样他们能从中获利。

然而，现在有一种混淆这个纯粹的主张的倾向，即这些动机的存在证明了他们确实造成了危机。诺贝尔经济学奖得主 Joseph E. Stiglitz（2010 b，153），信奉太大而不能倒和奖金假说，并毫无讽刺地写道：“从这些错误动机发展而来的灾难可能对于美国的经济学家们有些安慰：我们的模型预测有过度冒险和短视的行为模式，并且所发生的情况已经证实了这些预测。”然而，即使当Stiglitz写下这些话，证据已经可以获得，正如我们将看到的，模型严重破坏了灾难的确是从这些错误动机发展而来的这一假定。

危机对于那些愿意抛弃正统学术焦点即理性主体所面临的激励的经济学家们是有用的。这些经济学家（例如Akerlof和Shiller 2009）普及了非理性繁荣的概念，假设6。我们反对这一假说是因为其心理学术语的滥用已产生这样一种印象，造成危机的行为有一些特有的情绪化，即使有证据显示，银行家只是犯了错误而不是他们“疯了”。

我们对传统观念的批评似乎是不公平的。新闻记者首先普及了很多有关金融危机的主流看法，迫于截稿日期的压力，他们往往别无选择，只能重复专家言论和借鉴理论家的分析。出于这个原因，新闻业通常被视为充其量是历史的初稿，但从长远来看，新闻结论应该被学术所修正和取代。正如Max Weber（［1918］1946）很久以前提醒我们的那样，修正和取代的过程也是所有学术活动的命运。如同新闻记者和学者提出的有关金融危机的草率声明会随着时间的推移而被挑战，专家也可能会否认现在公认的观点。

然而，公认的观点会产生直接而重要的后果。消息灵通的公众对危机的印象部分是基于学者和记者的草率言论。这些印象现在确定为信念。左和右的政治活动按照金融危机的教条行事，这些教条很少或根本没有依据的事实，并且在这些教条的基础上作出了政策改变。此外，人们并不会期望改变那些经过经济灾难考验而形成的大众看法，即使在未来，严谨的学者推翻了为这些看法打基础的假定。因此，我们认为关键是立即针对可有证据来检验各种假说，虽然我们相信我们的证据部分或者全部势必要被取代，并且我们的一些分析可能是有缺陷的，正如Weber所预测的那样。本章提出的基本证据已经是公开的有案可稽之事，然而它的分析是相对简单的。一旦一个人用这方面的证据面对传统观念，公认观点的大部分原理都会崩溃，留给我们的问题最初使得危机有趣而重要。

传统观念中关于金融危机的原因包含了真理的精华，但其余的多数显然是不正确的。在这一章中，我们拨开迷雾，以便我们能回复到学术探究的主题上来。在这个过程中，我们将探索一些默认的假定，这些假定通常导致那些非常聪明、知识渊博的学者，尤其是经济学家为有关金融危机的理论背书，而这些理论在现实中并没有明显的依据。

低利率的有限作用

第一原理的修改版本是有实验证据的，即相对于金融危机，低利率助长了房地产泡沫。斯坦福大学的 John B. Taylor（2010）严格论证了，不仅是美国，而且整个欧盟地区，在十年里的前五年，低利率是与房地产繁荣相联系的。

联邦储备银行（美联储）和欧洲中央银行从 2001 年到 2004 年调低了利率，联邦基金利率从 2001 年 1 月的 6.5% 下降到 2003 年 6 月的 1%，超过四十年来的最低水平（图 1.1）。它仍然保持为每年 1% 的水平，到 2006 年才开始缓慢、稳步上升至 5.25%。不管中央银行降低利率的行动仅仅反映了“全球储蓄过剩”（例如，Bernanke 2010；Greenspan 2010），还是反映了旨在防止通货紧缩的货币扩张政策（例如，Taylor 2010），我们都不就此表态。

对于我们的目的，重要的是无论形成低联邦基金利率的最终原因是什么，按揭利率会随联邦基金利率下调——如图 1.1 所示，尽管当它们到达 2003 年创纪录的 5.25% 低点时，30 年期固定优先贷款利率停止下降。他们在超低利率的点借钱（由联邦基金利率表示），超低利率必然开始上升，此时较低的利率使银行陷入困境。

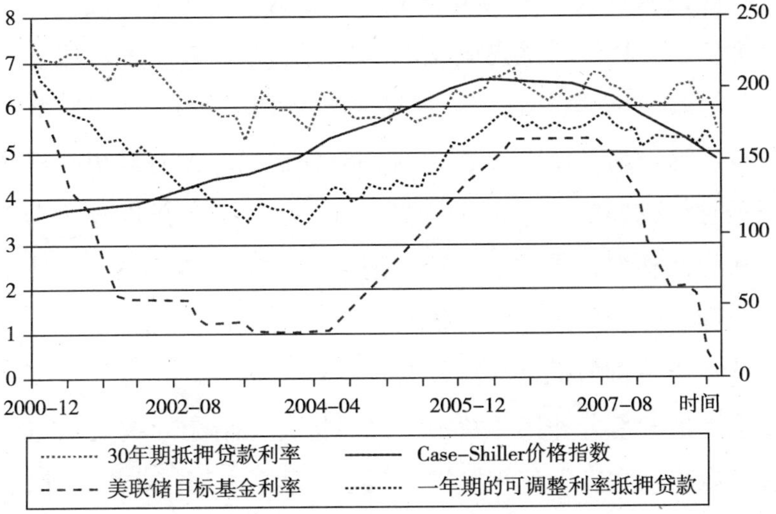

注：美联储的目标基金利率：美联储统计数据发布，选择利率；30 年期抵押贷款利率和一年期的可调整利率抵押贷款：美联储的货币政策国会报告，2009 年 2 月 24 日，Case – Shiller 价格指数：标准普尔/Case – Shiller 房屋价格指数。

图 1.1　联邦基金利率、抵押贷款利率和房价

联邦基金利率不可能永远保持在 1%，由于存在即将上涨的预期，银行于 2004 年开始大量发行可调整利率抵押贷款（Arms）。最初的 ARM 利率由图 1.1 中的虚线所示。初期通常为两年，之后 Arms 将按照现行利率重置。这被普遍接受为次贷借款人所经历麻烦的一个主要原因，借款人严格界定为那些低信用评分的人（例如，Barth 2010）。

到 2006 年，超过 90% 的次级抵押贷款是可调整利率抵押贷款，全部次优级抵押贷款的 80% 也是可调整利率抵押贷款，这意味抵押贷款借款者的收入是不太好的，信用评分或收入证明规定的标准要求是优级贷款（Zandi 2008 表 2.1）。从 2006 年开始，联邦基金利率上升，次级借款人无力支付更高的重置利率从而引发房地产泡沫紧缩和对抵押贷款支持债券实际价值广泛的担忧。2007 年第三季度，“43% 的取消抵押品赎回来自次级可调整利率抵押贷款，19%是优先次级可调整利率抵押贷款，18%是优先固定利率抵押贷款，12%是次级固定利率抵押贷款，9%是受联邦住房管理局保险保护的贷款”（IMF 2008a）。

所有的这一切都是传统智慧的一部分，我们没有理由在这里挑战它。但是它给我们留下了两个问题：（1）为什么新资金注入美国经济，反映为低利率，导致了房地产泡沫，而不是诸如汽车、食品、飞机、电脑和衣服价格的泡沫？（2）为什么房地产泡沫会引发一场金融危机，即一场银行危机，泡沫什么时候破灭？

在接下来的部分和第2章中，我们将首先给予问题（1）的答案，传统观点在很大程度上忽视了这个问题。然后，对于本章剩余的部分，我们将研究传统智慧无可非议地着眼于问题（2）的通常答案。

房利美和房地美的有限作用

原则上，低利率可能造成全部贷款的好转，从而使整体经济充满活力，而不只是引起房地产方面的资产泡沫。然而，正如Simon Johnson和James Kwak（2010）指出，在21世纪，“尽管存在低利率，企业在设备和软件方面的投资增长慢于19世纪90年代。问题是这些廉价的资金被错误地分配给房地产部门，导致经济增长乏力。”为什么会这样呢？

我们认为部分原因是两个政府资助企业（GSEs）：房利美（联邦国民抵押贷款协会）和房地美（联邦住宅抵押贷款公司）刺激了住房市场。即使房利美和房地美（以下简称“两房”）是私营公司，[1] 但它们都是由联邦政府资助，这产生了一个重要的不同：它们不向各州交税，它们比起普通的私营公司可以借到更廉价的资金，投资者认为“两房”一直由美国政府创建，如果陷入困境它们将会被救助。因此，投资者愿意借钱给“两房”（通过购买债券，包括它们的抵押贷款支持债券），相比借钱给普通公司的条件更加优惠。因此，“机构”抵押支持债券（由“机构”房利美和房地美发行），通常比私人发行的抵押贷款支持债券支付的利率低0.45%。投资者需要低利率以换取借钱给房利美和房地美（通过购买其抵押支持债券），这反映了投资者的信心，即如果“两房”破产，它们将会得到联邦政府的救助。

对于本轮危机，保守地说，房利美和房地美的作用是至关重要的（例如，Wallison 2011a）。但是，事实上，当“政府资助企业”在2008年9月7日由联邦政府救助，而一周后始于9月15日的雷曼兄弟公司破产使银行恐慌到达顶峰，其所隐含的政府担保就变得明晰起来。我们最初认为，救助“两房”前的恐慌臆造了保守的观点，即它们草率的抵押贷款引起了金融危机，对于许多观察家来说（例如，Taylor 2011），我们将危机等同于9月15日后非常让人伤脑筋的数周，那时世界各地的银行同业拆借冻结。

在此期间，每家银行都担心向其贷款的姐妹银行可能拥有太多的“有毒”抵押支持债券，以至于它们会很快破产，从而无法偿还贷款。我们认为这种银行间的贷款危机，反过来又导致银行收缩对实体经济的企业和消费者的贷款（而不是对其他银行）。银行收缩企业和消费者的贷款解释了全球性的经济衰退，我们认为这一点在2008年9月就发生了，因为每个商业银行都难以获取其他银行的借款，或许是担心它们自己的偿付能力——储存现金而不是借钱出去。

由于“两房”在银行业恐慌前的一周得到救助，它似乎不大可能担忧联邦政府是否会履行对其债务的隐含担保而造成的恐慌和进而造成的经济衰退。然而，Victoria Ivashina 和 David Scharfstein（2010）的研究改变了我们对于银行贷款收缩时机的想法。这项研究对于第3章经济衰退的分析也是至关重要的。

大衰退如何开始

Ivashina 和 Scharfstein 表明，在 2007 年第三季度，银行给企业的贷款开始急剧下降，这远远早于 2008 年秋季的恐慌，也早于救助房利美和房地美。这个年表与 2007 年甚至更早以前在抵押信贷市场所发生的情况相符合。一旦住房价格在 2006 年中期停止增长，次级可调整利率抵押贷款的违约率就开始上升（Jarsulic 2010，40）。一年之后，2007 年 7 月 11 日，发行的 1 043 份次级非机构的或私人抵押支持证券（PLMBS）评级下调了。

图 1.2 复制了一些 Ivashina 和 Scharfstein 的企业贷款数据，[2] 与商业投资率和失业率相叠加。这些数据表明商业贷款和投资开始下降的时

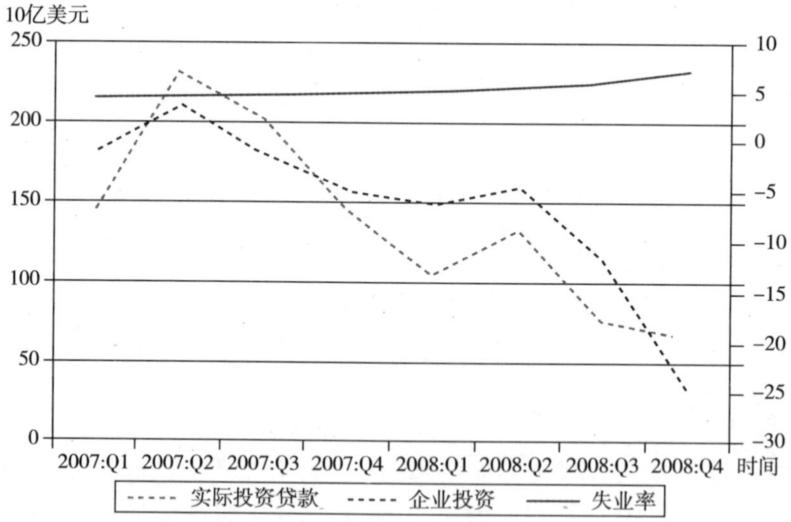

注：右轴：美国的失业率/企业投资年变化率。企业贷款，Ivashina 和 Scharfstein 2010；企业投资，美联储，资金账户流动，Z. 1 统计数据发布。

图 1.2　美国企业贷款、投资与失业情况

间与评级下调的时间几乎一致，即 2008 年 9 月发生的恐慌。这些趋势也符合国家经济研究局关于经济衰退始于 2007 年 12 月的“官方”判断（银行对企业新增贷款的减少立即反映在企业投资的下降，但是这种逻辑并不能立即解释失业，图 1.2 显示的确存在滞后）。

表 1.1　　**抵押债券分布**　　单位：10 亿美元

	代理机构（房地美、房利美、抵押支持证券）	AAA 级 PLMBS	AAA 级 CDOs	中间层债券	总抵押债券敞口
美国商业银行/储蓄机构	852	383	90	0	1 325
GSEs/FHLB	741	308	0	0	1 049
投资银行	49	100	130	24	303
房地产信托投资基金（REITs）	82	10	0	0	92
对冲基金	50	51	0	24	125
保险公司	856	125	65	24	1 070
海外机构	689	413	45	24	1 171
财务担保机构	0	0	100	0	100
其他	1 044	246	45	24	1 359
总计	4 363	1 636	475	120	6 594

注：CDO 为担保债务证券，FHLB 为联邦住宅贷款银行。

资料来源：雷曼兄弟 2008。

2007 年中期银行贷款开始下降的事实为银行收缩贷款这一可能性创造了机会，因为它们担心自己持有的大量机构抵押支持债券可能会带来破产——美国商业银行总计持有 8 520 亿美元。商业银行所持有的机构抵押支持债券是其持有的 PLMBS 的近两倍，从表 1.1 可以看到，这些证券隐含的政府担保直到 2008 年 9 月 7 日前并没有实现。

抵押支持证券（MBS）是从抵押贷款发放者那里回购的成千上万的抵押贷款的集合体，这些发放者包括“储蓄机构”或者储蓄和贷款；抵押贷款专业化公司，例如美国国家金融服务公司；商业银行，比如那些巨大的银行控股公司（BHCs）所控制的商业银行：美国银行、富国银行、花旗集团和摩根大通。商业银行接受来自公众的联邦存款保险，连同发行公司股票和债券所募集的资金，一并贷给企业、购房者（通过抵押贷款和房屋净值贷款）和消费者（主要是通过信用卡）。相比之下，投资银行承销由公司提供的股票及债券并只接受未保险存款，这些记入客户的经济账户。

在图 1.3 中，实线代表了银行对彼此风险看法的一个指标，即泰德价差。这是利率间的差额，或者可以理解为“息票”，根据短期国库券（T）和银行间的隔夜贷款利率（伦敦银行同业拆借利率即 LIBOR，缩写欧洲美元利率为 ED）来支付。当银行担心其他银行所借的隔夜贷款有可能无法偿还时，泰德价差就会上升。虚线表示 Ivashina 和 Scharfstein 关于银行贷款给企业的数据。泰德价差颠倒过来可以用来比做商业贷款。

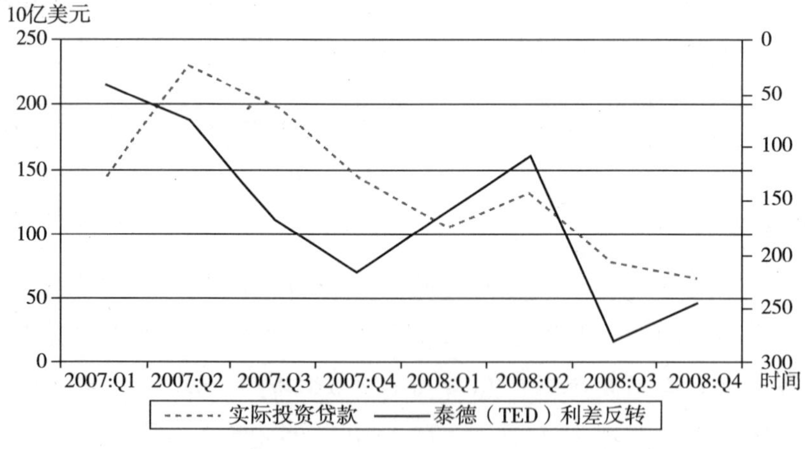

注：右轴：基点（bps）。实际投资贷款 Ivashina 和 Scharfstein 2010，图 2，泰德价差，美联储，选择利率，历史数据。

图 1.3　银行向企业贷款下降

2001 年 12 月以来，泰德价差平均为 25 个基点，但是继两个贝尔斯登对冲基金申请破产和美国国家金融服务公司，全国最大的次级抵押贷款专业公司，需要向银行集团申请 110 亿美元的紧急贷款之后，在 2007 年 8 月 21 日它猛增至 189 个基点（Barth 等 2008，5；Jarsulic 2010，66）。之后泰德价差仍然保持高位到 2008 年 9 月——平均为 89 个基点，或近于四倍的正常利率，在 2008 年 10 月 10 日它开始飙升至峰值 364 个基点。这种变动的出现引起了银行对企业贷款的下降，因此我们认为这造成了经济衰退。

在 2007 年到 2008 年间，随着对次级抵押贷款担忧的起伏，一些大型银行为了让人们购买其公司债券而不得不支付的收益率先后上升和下降。在大多数时期，花旗集团债券收益率高于国库债券，且一直稳定在约 200 个基点，但是当政府决定不再救助雷曼兄弟，此举让人们觉得其他大型银行可能会被允许破产时，它飙升至 1 000 多个基点（即 10% 利息的花旗债券）。摩根大通和美国银行公司债之间的收益率差价也大致如此（Barth 2008，图 4. 8）。然而，在同一时期，房利美和房地美的债务高于国库债券的幅度从未超过 160 个基点，且高峰恰是在 2008 年 9 月“两房”被救助之前。在那之前，“两房”上涨幅度只有两次超过 80 个基点，通常是接近 60 个基点（出处同上）。于是，大致说来，似乎投资者关注银行违约风险是关注“两房”违约风险程度的大约三倍。当我们的讨论接近本章结尾时（即我们考虑到“太大而不能倒”理论作为引发危机的原因时），“两房”的政府隐含担保似乎比大银行的任何隐形担保都有更广泛的认知，我们推断“两房”隐含的政府担保确保了投资者、银行家、机构抵押支持证券，不像私人抵押支持证券，将会被救助。

虽然如此，保守党对“两房”的重视并不完全不合时宜，“两房”毋庸置疑地助长了房地产泡沫，到 2008 年第二季度为止其资助了所有未偿付抵押贷款的45%（Barth 2010，图 5.20）。这可能部分解释了为什么2000 年结束的低利率助长了房地产泡沫而不是价格全面上升。[3]

可以肯定的是，房屋一直没有像其他工业享受数十年的补贴。它最显著的补助是所得税扣减抵押贷款的支付利息和回购“两房”证券化的抵押贷款。然而，直到 20 世纪 90 年代末期，一个家庭想通过抵押贷款买房，必须支付的首付款为房屋价格的 20%，且贷款应“符合”“两房”回购的标准，这是银行较喜欢发放的优先抵押贷款类型。在 1995 年，克林顿政府设定的目标是占美国人口 67.5% 的住房自有率，而相比那时是 65% 的住房自有率（Johnson 和 Kwak 2010，112）。美国住房及城市发展部门（HUD）于是批准“两房”回购的抵押贷款中增加的部分发行给低收入和中等收入的借款人（Johnson 和 Kwak 2010，145；Barth 2010，表 5.6）。因此，在 1997 年，房利美开始回购首付仅为 3% 的抵押贷款，到 2001 年，作为其承诺的“所有权社会”的一部分，布什政府将克林顿的政策纳为己用。此后，房利美和房地美开始回购没有首付的抵押贷款（Wallison 2011a）。

减少首付使得穷人能更加负担得起自有住房。由于“两房”愿意承担从抵押贷款发放者那里回购贷款的风险，数以百万不能负担首付的人现在能够买房子。这有哄抬房价的效果。

房地美和房利美购买了 3 080 亿美元的私人抵押支持证券（PLMBS），此举也促进了次级房地产泡沫膨胀，但是太多因素可以导致房地产泡沫（例如，Lane 2010）。这些购买的债券主要由包含了次级和次优级抵押贷款的 PLMBS 组成（GAO 2009，27 ~ 28），它必须增加由投资银行发行的证券化次级 PLMBS 的需求——但至多到 29%（表 1.1，第 2 行，第 2 列）。即使没有政府支持企业，次贷的一部分泡沫，虽然规模较小，也已大部分被私人投资者购买的 PLMBS 所支持。

美国的住房拥有率在2006年达到69%的顶峰（Johnson和Kwak 2010，112），仅仅在十年里前所未有地增加了4%。在原始数据（不控制人口增长）中，房主自用住宅数量从1998年的6 800万套增加到2006年的7 500万套。房价越往上涨（图1.1），它们最终下降得越深。这将对次级借款人保持支付的能力造成毁灭性的影响。一个家庭也许曾经担心它是否能偿还一个相对昂贵的房子的按揭贷款，于是他在房地产繁荣期，由于房屋一般价格水平的上涨和较低的抵押贷款利率，无论如何都购买了房子。这是因为只要某人的房屋价格上升，假使此人无法支付，它通常可以出售获利。然而，一旦房价开始下降，它就不再使履行抵押贷款的还款有意义了。在某种程度上，政府支持的企业帮助提振房价，它们对房地产泡沫破灭的严重性承担相当大的责任，尤其是对当价格破灭时次贷借款人之间的高拖欠率和违约率，即使GSEs并没有直接发放次级借款。

另一方面，重要的是要记住房地产泡沫和金融危机或随后的经济衰退不是一回事。房地产泡沫本质上不是邪恶的，其破裂引发了，但没有引起本质上邪恶的大萧条。房地产泡沫破裂对世界经济的消极影响，是通过其产生金融危机或银行危机的作用促成的。正如我们所看到的，不见得是机构抵押债券对银行危机起很大的直接作用，因为金融市场仍然比较有信心，如果必要的话，“两房”债券将依靠政府救助来偿还。相比之下，市场普遍关心的是商业银行的PLMBS的价值，即对那些救市措施信心不足，这是金融危机的最接近的原因，因而也是大萧条的原因。

另一种观点认为，房屋建筑指标的下降是经济衰退的原因。

美国经济在2006年初的峰值和2007年底之间失去了125 000个建筑业职位。到2007年12月，住宅建设活动从2006年3月创下历史高位（年率从6 760亿美元到4 140亿美元）以来下降超过三分之一。同时，建筑材料零售价格从2006年初到2007年底下降了13%（Wesbury 2010，108）。

然而，在同一时期（2006—2007年），实际GDP年增长率为2.5%，房屋建筑业的崩溃估计减少了1.2%的实际GDP增长（原本为3.7%）（Wesbury 2010，109）。因此，住房市场的崩溃可能甚至不会造成自身的经济衰退，更不用说我们所经历的毁灭性的经济衰退。直到2007年建筑业和住房建造的岗位失去了，图1.2才显示出整体失业率的可发觉的增长。那么，真正的问题似乎是在住宅市场收缩的后一年，世界关注金融危机的前一年开始了的贷款收缩。

金融监管的放松和“影子银行系统”

保守点讲，与政府支持企业相对应的自由主义的作用是金融自由化。放松管制（以及某些情况下的无管制）创造了有时被称为被影子银行系统的机构，它由金融实体而不是商业银行和储蓄机构组成。影子银行系统包括抵押贷款专业公司，比如美国国家金融服务公司和IndyMac公司；表外实体（OBSEs），其涵盖了结构性投资工具（SIVs）、资产支持商业票据（ABCP）的渠道；和独立的投资银行（独立子商业银行），比如贝尔斯登、雷曼兄弟、摩根士丹利、美林和高盛，以及银行控股公司控制下的投资银行，如花旗集团。

有时与宣称相反的是（例如Madrick 2009b，15），这些实体中少数几个是不受监管的。抵押贷款经纪人属于储蓄机构监理局（OTS）监管的储蓄和贷款机构。投资银行，和商业银行和大多数的表外实体一样受巴塞尔协议监管，该协议是以国际清算的位置命名的，其中央银行秘书处包括巴塞尔银行监管委员会。巴塞尔银行监管委员会成员国之间协商同意遵守成套的银行法规，众所周知它们是巴塞尔协议I

（1988）巴塞尔协议Ⅱ（2005）和巴塞尔协议Ⅲ（2010）；这些法规后来被世界上大多数政府所采用。

也就是说，对影子银行系统施加的规定在各方面都要轻于商业银行的规定。另外，信用违约互换（CDS）或“衍生品”有时被包括在影子银行的类目下，它们确实是不受监管的。

由于主题的复杂性和表外实体中令人惊讶的少量的抵押贷款支持债券，我们将对其的监管讨论放在附录Ⅱ。我们将在此处讨论放松管制或无管制的方方面面，内容涵盖次级抵押贷款发起、衍生工具和废除防止投资银行附属于商业银行的《格拉斯—斯蒂格尔法案》的那些章节。此次讨论将提出关于如何考虑在政治文化中的历史的因果关系的理论问题，坚持不懈地致力于未来，即讨论政策如何在未来预防问题的发生，尽管这些问题的起源与过去有着明显的相关性。

私人抵押债券如何运作

不过，首先，我们需要解释影子银行系统的各个部分在引发金融危机（从而引发大萧条）过程中是如何适应商业银行系统的。在逐步地抵押贷款证券化并由投资银行销售之前，我们不会按照惯例先从金字塔“底部”入手，即不会从起源于经纪人、商业银行和储蓄和贷款机构的次贷入手，因为解释金融危机的有关问题就是为什么这么多私人抵押支持证券（PLMBS）被保留或由商业银行购买，这导致它们在 2007 年中期开始收缩贷款。我们的因变量因此是表 1.1，第 1 行，第 2 和第 3 列。

也就是说，对于我们，相关的问题是需求的问题，即商业银行为什么想要购买或是持有这些债券，而不是供给的问题。哪里有需求，资本主义经济通常就会有供给，这种情况肯定是千真万确的。供给方面的机制因而并不会让我们认为与理解金融危机的原因直接相关。

需求的问题直到第 2 章才会被全面回答，但是一个逻辑的起点是分析私人抵押支持证券对任意投资者（不仅仅是商业银行）的吸引力。机构抵押贷款支持债券依赖于政府支持企业“隐含的政府支持以获得投资者的信任”。私人抵押支持证券是怎样把政府支持落实到位的?

答案主要是“次级的”原则。私人抵押支持证券按照合约规定被划分为多“档”。每档有一个不同的评级，从 AAA 到 B，并且每个评级对应不同的风险水平。“高级”债券（AAA）是最安全的，每个中间级（AA +、AA、AA -、A +、A、A -、BBB +、BBB、BBB -、B +、B 和 B -）有一些风险。[4] 最后是不评级的，为权益性证券。

等级之间的风险差异通常并不意味着不同类型的抵押贷款。例如，AAA 等级的优质抵押贷款，BB 级的次贷。所有抵押池中的抵押贷款可能是次级或准优级，可是它会发行一批 AAA 级的债券。在“瀑布式”的支付系统中，通过中间级附属于优先级上，这成为了可能。次级意味着在私人抵押支持证券资金池中来自抵押贷款的支付将首先流向优先级，只有在所有 AAA 级债券持有者在一定时期内给予支付后，AA + 债券持有者才将获得收益，紧跟着是 AA 级债券持有者，依次类推。每个评级较低的债券都要在评级在其之上的所有债券后获得偿付。因此，根据定义总有一个 AAA 或“优先级”（有时甚至是一个在“初级”AAA 之前收款的“超优先级”），因为 AAA 级债券的持有者必须是来自抵押付款池中收入流的第一个接受者。

从收入流的底部来看，如果整个池的抵押贷款违约，发起银行将首先蒙受股权部分的损失，它通常是会保留的（在金融上下文中“权益”意味着所有权）。股权部分提供结构化私人抵押支持证券的其他吸引力：“债券超额抵押”。没有债券持有者要求股权部分产生的收益，通常达抵押贷款池收益的 1.9%（Ashcraft 和 Schuermann 2008，

30）。池中总计达1.9%的抵押贷款数额由于超过次级债券的现金流瀑布中的股权级，因此是额外抵押品的安全缓冲。只有当池中1.9%的抵押贷款的所有收入被违约抹去后，购买B或BB级股份的买家才将蒙受来自池中抵押贷款和利息支付收益流的任何损失，接着是下一个评级最高部分的股份持有者，诸如此类。反过来，只有违约非常巨大以至于所有中间级（这部分次要于优先级）的付款已经完全停止，优先级的投资者才将会蒙受损失。

超额抵押的数字看上去好像小于它真实的样子，因为虽然池中1.9%的抵押贷款违约，但是代表1.9%的那部分房屋经常可以转售，且债券持有人将有权获得来自房屋新抵押贷款的收益。“典型的假设是当次级抵押贷款止赎时，大约65%的未清余额可以收回。在考虑到重获权益部分的收入以及违约数量要求停止所有次级层的收益之后，这样一个35%至50%的损失程度的假设暗示了，在损失将影响MBS优先级之前，将会有50%至65%的抵押贷款（在整个私人抵押支持证券池中）违约”（IMF 2008a，60）。

次级化和超额抵押的逻辑性是无懈可击的，而且结果如此受投资者欢迎以至于投资银行通过对各种私人抵押支持证券和其他资产支撑证券（ABS），例如信用卡池、学生贷款和汽车支付债务的分档分级，开始设计CDOs（担保债务证券）。这进一步使债券的抵押品多样化，从而减少了“相关”违约的风险，或者可以这样认为，尽管到2003年底，CDOs主要由次级债的中间档和Alt－A级抵押贷款组合组成（Bass 2007），但一般说来这些更有可能违约（分配给不同等级债券的范围试图调整这个）。投资银行也设计了“$CDOs^2$”（对CDOs的分级）和“合成”CDOs，这本质上是双向押注CDO市场的走向；通过构建合成CDO来模拟CDO价格走势，但是它们通过运用衍生品来代替真实抵押贷款，因而不需要买方拥有任何实际的房屋资产（Lewis 2010）。

除了似乎由资产的从属化、超额抵押和多样化（在 CDOs 的情况下）提供的安全性之外，私人抵押支持证券的所有变异体，包括 CDOs，其主要优势在于资产的从属性允许投资者选择一个合适的风险水平。作为安全保证的交换，产生了基于瀑布结构的 AAA 评级，优先级的债券持有人接受一个低于中间层投资者的息票（付款）。中间层投资者较高的息票是补偿给他们处于瀑布底端较大的风险的。例如，Ashcraft 和 Schuermann 称（2008，表 16）计算出在 2007 年第一季度发行的一个 AAA 次级债券，通常票息为 9 个基点（0.09%），这高于国债在类似时间段的价格，而一个 AA 级债券的支付超过国债 15 个基点的“价差”，A 级债券为 64 个基点，BBB 级债券为 224 个基点（2.24%）。（相比之下，由于当时令人担忧的次贷违约率开始被认识到，在 2007 年第二季度发行的次债为了吸引投资者购买则不得不支付更高的票息，平均而言，AAA 级为 76 个基点，AA 级为 192 个基点，BBB 级为 500 个基点。）在房地产繁荣期，AAA 级的 CDO 债券通常每年支付 3.4% 的利息，BBB 级债券通常每年支付 4.4% 的利息（Barnett - Hart 2009，表 1）。

债券常常有如下特点：较高的评级，表明较高的安全，但产生较低的收益。私人抵押支持证券投资者可以在低评级、相对有风险但高票息的债券和被视为超级安全、高评级但低票息的债券，比如那些被评为 AAA 级的债券之间选择。然而，到如今每个人都知道了，所谓安全的 AAA 级债券被证明比其宣称的安全性要低得多。从本质上讲，债券低于预期安全的原因是评级机构，像投资者一样，它低估了全国性房产泡沫的风险（而不是仅仅从基本经济因素，例如人口和收入增长证明房地产繁荣）。评级机构因而使 AAA 分级太过宽泛。分级的逻辑是有效的，但是每一级的合适宽度就成了一个经验范畴的问题，几乎每个人都有错。

Ashcraft 和 Schuermann（2008，图6）估计79.3%的平均次级私人抵押支持证券被分配给 AAA 等级，6.6%给了 AA 级，5.4%给了 A 级，4.3%给了 BBB 级，2.6%给了 BB 级，1.9%给了股权级。每档精确的宽度可以由投资银行或其他发起人进行微调，因为评级机构的模型是可以公开获取的；因此，发起人可能会改变每档的宽度以适应投资者对风险的需求（进而是收益）。但是评级机构的模型，最终不够保守，它设定了拥有最大需求量的 AAA 级发行的根本限制。因为这种 AAA 分级的评级模型的出发点是对整池违约率的预测。例如，评级机构预测了25%的违约率，那么虽然解释了房屋止赎的转售价值，但评级机构仍应该有超过21%的次级需求（100% 减去 79%），这证明典型的 AAA 评级是合理的，其宽度足以达到声称的抵押贷款池的79%的收益。然而，到2009 年第一季度，浮动利率次级抵押贷款违约率的确是接近25%（Jarsulic 2010，图1.2）。

在第3 章，我们将调查危机中评级机构所扮演的角色。所谓放松管制作用的相关考虑是，当这些“机构”是私人拥有的，像是 GSE 住房“机构”，它误导性暗示它们因此是不受管制的（例如，Madrick 2009a，54；Stiglitz 2011，92）。从 1975 年开始，美国证券交易委员会规定给予三家评级机构一个有效的寡头垄断——穆迪投资服务公司、美国标准普尔公司和惠誉国际信用评级有限公司；在州和联邦层面，较早的规定迫使三个最大级别的机构投资者中的两个即养老基金和保险公司，仅能购买高评级的证券。在危机前夕，评级机构的法律地位没有变化，因此，尽管评级机构饱受质疑（且应受谴责）也无法发现放松管制的效果。

然而，证券化过程中的评级机构合作者，投资银行和抵押贷款发起人，在有关方面未被有效监管，并且这一事实似乎导致了放松管制应对危机负责的想法。

自从1933年颁布了存款保险制度，这一专门规定一直对商业银行施加影响，因为监管机构担心现在所谓的“道德风险”：银行家可能利用存款保险制度提供的保护伞从事鲁莽的投机活动。这些规定是第2章的主题。但由于投资银行并没有涉及存款保险，它们比商业银行受到的监管更为宽松。投资银行首先吸引了投资者和公众对危机的关注。

两个引人注目的事件是2008年3月16日救助贝尔斯登和2008年9月15日雷曼兄弟破产。这两个投资银行被拖下水是由于它们所持有的次级抵押贷款和PLMBS市场价值下滑——其持有的库存准备销售给投资者（如商业银行）。9月15日之后，贝尔斯登和雷曼兄弟是投行这一事实强烈影响了对危机原因的疯狂探究，因此，金融自由化马上呈现为一个看似合理的原因；例如，2008年9月20日，《纽约时报》的报道（Landler和Stolberg 2008）勾勒了危机已经无可非议地归咎于放松管制。这个故事指出国会曾反对共和党通过监管手段控制房利美和房地美的努力。它描绘了克林顿和布什政府努力扩大住房自有化来作为“基于市场的方式帮助穷人”，因此，言下之意是不受监管（引用经济学家Kenneth S. Rogoff的说法）。它引用了“或许近期最重要的银行业的放松管制”，一个“具有里程碑意义的法案即允许商业银行扩展到其他金融活动，比如投资银行和保险。”这里参考了1999年的《美国金融服务现代化法案》（GLBA）。

GLBA废除了1933年的《格拉斯—斯蒂格尔法案》的一部分，这部分禁止商业银行从事与投资银行有关联的交易活动。与《纽约时报》的报道相反，GLBA维持这一禁令，但它允许商业银行和投资银行附属在同一个银行控股公司（BHC）之下。然而，“废除《格拉斯—斯蒂格尔法案》”立即成为一个被广泛报道的导致金融危机的原因。到9月28日，这个故事已经变得如此普遍以至于《泰晤士报》的经济记者 David Leonhardt（2008）觉得必须正确报道，同时《时代杂志》一篇文章指出对 GLBA 的批评“常常是模糊的”，因为在现实中“该法案并没有真正做很多事情来制造当前的危机。它是一个很方便的替罪羊，因为它无疑是近年来金融监管最大的一块。但是……当前危机的监管不是华盛顿做了什么……虽然它也没有做什么。”

Leonhardt 对 GLBA 比喻的反驳指出贝尔斯登和雷曼兄弟未受立法影响，因为它们仍然是独立操作的投资银行，不是银行控股公司（BHC）的下属公司。然而，Leonhardt 通过推测成为银行控股公司一部分的投行可能给予同一银行控股公司下的商业银行“更多的资金来投资”次级房产，维持了“废除《格拉斯—斯蒂格尔法案》”的现行报道（这是真的，但是回避了商业银行为什么要投资在次级房产这一问题实质，即需求的问题）。

不过，Leonhard 报道的主要目的是将“放松管制”的故事转向其他目标：第一，未能监管次级抵押贷款发起人的行为；第二，监管“衍生品市场”失败。Leonhard 仍然谴责撤销管制的三重奏（GLBA）和无法监管的行为（无法监管次级贷款和衍生品），正如我们所写的，“放松管制”的三个主要含义作为金融危机的原因。我们应该在接下来的三个部分中探讨它们。

不存在的次级抵押贷款监管

这对我们来说是相对没有争议的结论：实际上，如果联邦政府禁止次级贷款，金融危机就不会发生。即使不顾次级贷款对房地产泡沫大小作出的“重大贡献”，泡沫的破裂或许应该让优先级私人抵押支持证券的持有者未受影响。[5] 因此，在 2006 年和 2007 年次级贷款部分泡沫开始缩小之后——比起其他方面的情况会使房价更进一步的下降——传统的优质抵押贷款的止赎率勉强高于其传统利率（少于1%）（Jarsulic 2010，图1.2）。最终只有经济衰退本身推动优先级的止赎率走向更高。主要的问题在于次级可调整利率抵押贷款，因为到2007年止赎率接近25%，远远超过了一份典型的次级债券里1.9%的超额抵押，并足以超过大部分或所有的中间级。因此，如果次级贷款（或可调整利率抵押贷款）已被禁止，可能就不会发生金融危机。

然而，事情并没有按照我们应将危机归咎于对次级贷款放松管制这个方向发展。

就这一点而言，已采取的唯一放松管制的行动是制定1980年的存款机构放松管制和货币控制法案，这超越了将抵押贷款利率推到上限的国家反高利贷法；以及1982年签署的《甘恩—圣哲曼储蓄机构法》（*Garn – St. Germain Depository Institutions Act*），该法案“增加了国家特许银行和储蓄机构可调整抵押贷款利率的资格”（Jarsulic 2010，159n24，增加的重点）。国家反高利贷法可能禁止可调整利率抵押贷款（ARMs）没有上限利率，且这肯定会改变有可调利率的次级抵押贷款的趋势。在这方面，1982年的法案也可能对促进次级可调利率抵押贷款有影响。

然而，如果州法律继续禁止可调整利率抵押贷款（ARMs），全国性特许银行很可能将会满足对可调整利率抵押贷款的需求（其起初无论怎样还是这些抵押贷款中最大的一部分）。[6] 可调整利率抵押贷款的需求来自抵押贷款投资者对这些认知的综合，即超低利率不可能永远持续下去，和借款人要么对理解这一事实太缺乏金融知识，要么太老练以至于在他们的可调整利率抵押贷款重置到一个更高的利率水平之前就打赌他们出售或再融资房子的能力。第一组借款人很可能是掠夺性贷款的受害者，而国家法律可能避免他们被欺骗。但是抵押贷款发起人（商业银行、储蓄和贷款协会、抵押贷款经纪人）为满足对可调整利率抵押贷款的需求，因此，在很大程度上满足来自投资者对可证券化的抵押贷款的需求。如果没有一个联邦政府禁止次级贷款，这种需求肯定会被全国特许金融机构所满足。

自从1994年颁布的房屋所有权和权益保护法，加上诚实借贷法案，批准美联储禁止它认为不公平的抵押贷款，这样的禁令在法律上是可能的（Jarsulic 2010，110～111）。一般而言，如果美联储按照当局禁止可调整利率抵押贷款或次级贷款的行为行事，它肯定会阻止这场危机。

然而，这样的反事实提出了两个难题。首先是政治。连续两届总统任期，连同国会的全力支持，抓住了增加住房拥有率作为帮助低收入美国人的一种方式的想法。政治压力太大以至于金融服务现代化法案几乎被由此得名的参议员格拉姆推翻，他想要撤销扩大1997年《社区再投资法》范围的立法措施，此法案授权贷款给低收入社区。然而，克林顿政府坚持一家机构若没有一个令人满意的给“低收入借款人”的贷款记录将不被允许进入任何新的业务范围（Labaton 1999），最终格拉姆屈服。

争夺《社区再投资法》象征着克林顿更大的政治目标，后来，布什政府通过给穷人提供住房所有权机会而扩大了中产阶级。自从证券化被认为可以减少次级贷款的内在风险以来，除了通过发行次级贷款并使之证券化的方式，没有其他办法能达到这个目标。它似乎不现实地将危机归咎于没有禁止这个能达到强大政治力量所要求的住房拥有率目标的做法。

反事实的第二个问题与房地产泡沫和金融危机之间的区别有关。次级贷款或可调整利率抵押贷款上的禁令使得通过防止次级房地产泡沫或简单的房地产泡沫来阻止金融危机，这是很有可能的。但事实没有告诉我们这一机制，即次级可调整利率抵押贷款中高违约率实际上被演变成金融危机，然后进入大萧条。

如果我们只对一种奇怪现象（虽然司空见惯）的规范理论感兴趣——说它奇怪，只是它能描述过去我们本“应该”做什么，仅仅依靠因为我们现在知道过去事情后果怎样——那么反事实地禁止次级贷款就足够了。但是如果我们认为“应该”暗示着“可以”，这种规定并不令人满意。没有人在1980年或1982年，包括次级贷款的反对者，能够预测国家法律反对高利贷将防止一个百年难遇的金融危机，而不是防止抵押贷款给贫困的借款人。更准确地说，没有人在1980年或1982年能够预测次级可调整利率抵押贷款违约会造成全球银行业危机，二十年后，那时：（1）次级可调整利率抵押贷款将证券化为私人抵押支持证券；（2）商业银行仅在美国就总计持有大约价值2 500亿美元的证券价值，而非美的银行持有额外的1 670亿美元的价值（Greenlaw 等 2008）。[7]

政策规定和因果描述之间的冲突

“能够”阻止危机的回顾性规范理论可能足以实现现代政治的通常目的，这当然不是学术的。学者们试图理解过去和现在，而不是预测未来。但在现代民主国家的政治中，即在致力于解决和防止社会和经济问题的政体的政治中，公开辩论必定集中在政策提案上，且在解决和预防给定的社会和经济问题的时候，不能主张一个没有作出有关未来影响的预测的给定政策。然而，没有人能够准确预测现在政策的未来影响是什么；未来是不可预测的，尤其是在复杂的现代社会。一个面向未来的政策辩论在鼓励可追溯“政策分析”时产生了出乎意料的效果，即过去的某些时刻好像他们不知用什么方法已掌握了未来的知识。我们在时间 T_3，政治决策者的部署时间在 T_1，我们回顾性地获

得发生的知识在 T_2——尽管过去和未来两者之间的关键差异是只有过去的是可知的，即使在原则上。

如果我们没有对问题进行确诊，这种分析不仅鼓励不切实际的决策，而且控制我们规范性地思考每一个问题（即按照应该做些什么来解决它），而不是描述性的（即按照什么原因造成的）思考，虽然一个有效的规定是不太可能的。那么，实际上现代民主文化削弱了对复杂的社会问题的原因进行分析的欲望。这样的分析一旦触及到本能够被法律或规定所阻止的问题的起因就趋向于停止——不管怎样不现实，在那时，这样的法律或规定应该考虑当时的政治力量；以及在现代条件下，考虑预测法律和监管补救措施的未来影响的困难。因此，随着社会复杂性的增加，我们对社会理解力却在减弱，因为相对于想出解决问题的政策，我们对社会和经济问题经验研究的兴趣变得次要。

同样的政策导向习惯还可以劝我们不要置身事外，以及寻求一个特定的社会或经济问题实际上是否是一个更大的、系统性的缺陷，而不管系统内的政策修复是否可能是可用的（或可能已经可用）。因此，不仅我们的“学术”或“描述性分析”的思想，而且我们规范性的思想都可以被特有的现代政治辩论的政策视野所抑制。

金融危机是一个超越这些狭窄的知识范畴向前看的机会，并且就其本身而言它已经被广泛认可——在很大程度上，我们认为是由于其明显的复杂性。虽然我们可能会发现它在政治上令人满意地识别有预防金融危机效果的政策，有着事后“聪明的奢侈”（只要我们的前辈知道那么我们现在就知道），众多的因素似乎促成危机提出的政策导向的思考特别不令人满意，因为这种思想不能内在地解决系统性问题。由于危机而合理地提出关于“制度”的更大问题，不可能被一个旨在阻止未来金融危机的，不知何故、无所不知的预测性的政策建议来回答，更别提只是为了阻止实际金融危机的回顾性的“规定”

政策。

例如，危机引发了现状是否应该被称做“资本主义”的问题，尽管当局通过政体来控制整个经济。简而言之，资本主义是危机的罪魁祸首吗？或者说是资本主义的监管应负责任吗？又或者二者都应该遭受谴责，就是说它们应该被视为同一系统的一部分呢？

人们会怎样把危机归咎于资本主义是很明显的，我们将在第2、第3和第4章考虑产生的系统性问题；例如，在第2章我们询问是否有一些关于资本主义的东西，更准确地说是资本主义的银行，它天生是不稳定的。或者，有人可能会把危机归咎于我们一直称之为“现代民主”的政治体系。也许一个更好的词是“务实的民主”，因为现代公共议程是被探寻社会和经济问题的政策解决方案所控制。禁止次级抵押贷款，或可调整利率抵押贷款，或就此而言的证券化——或银行自身——都在合法的民主立法者和监管者的权力范围内，但这些禁令将一直与试图通过提高穷人的住房拥有率来解决问题的目标不一致。因此，缺少这样的禁令可以被系统地认为是现代、务实民主的“正常”产品（至少在基本的资本主义的参数范围内考虑其运作，包括房屋所有权）。最后，在第3章和第4章中，我们探求这是否意味着现代民主国家面临一个根深蒂固的认识论问题，一个在复杂的世界里，预测公共政策未来影响的问题。

然而如果我们将自己局限于思考如何制订新法或监管政策上，这些政策将防止发生在2007年到2008年的那种危机，或者对于本来已经阻止了危机的回顾性虚构政策，诸如这些更大的问题将不会产生。在一个问题出现之前，如何保证政体将确实产生良好的（有效的）政策解决方案的系统性问题，将会被特定修复的问题所取代，特定的修复或许会避免我们刚刚经历的特别问题——没有要求什么更深层次的力量对此负责。

那么，很显然，面向未来的“政策辩论”和避免事后偏见之间存在冲突。然而，对于严格调查过去和目前存在问题的原因，避免这种偏见是有必要的。如果我们把在过去、事后获得的知识归因于政治参与者，我们很可能低估了政策制定者作出错误决策的可能性，这种可能性仅是由决策者对未来的无知造成的。

经济学家们特别容易产生事后偏见的原因有两个。首先，正如我们前面提到的，经济学家们在自我利益的代理人之间易于出现战略互动的“激励”叙述。但是，即使当最高级别的激励代理人都不知道为了假定的利益所应采取的行动时，激励机制就无法实现。从事后来看，不了解未来的人可能会被视为客观上有动机做一些事情，而主观上他们不知道将会导致一个自私自利的结果。因此，经济学家的动机取向导致普遍忽视简单的人为失误，作为例如银行家们可能会购买抵押贷款支持证券的原因。的确，人类处境的整个认识论层面对于现代经济学家是不可见的——不仅是由于我们的无知，我们中所有的人容易犯错误这样的事实，而且是解释我们碰巧遇到的信息会有所不同这样的事实，它会驱使人们恰恰以同样的激励和相同的信息作出完全不同的决定。

经济学家具有事后偏见这个特殊缺点的另一个原因是，不像其他的社会科学家，经济学家们经常被询问政策建议。他们以提供建议的方式作出反应，甚至当他们不被询问的时候。这是他们专业精神的一部分；人们很难找到经济学家所写的一本书、一篇杂志上的文章或工作论文不是以政策建议作为结束的。这种取向往往会加剧“政策辩论”的目光短浅，这对任何现代民主国家的公民来说是很自然的事情，在这项研究之前，经济学家的政策建议通常旨在确定一个给定的法律困境是否解决一个给定的问题，或将会阻止它。政策辩论目光短浅从而鼓励事后偏见，当然因为在事实发生之后，比起事先准备，对于制定政策来解决问题是极其容易的——一旦有相关问题的数据——当一个人甚至可能没有意识到问题即将到来就应该开始收集数据。

因此，例如，除了将危机归咎于“太大而不能倒”（一个政治因素）和银行的薪酬制度（资本主义元素），斯蒂格利茨（Stiglitz）（2010a）也将此次危机归咎于Leonhardt命名的同样的三个放松管制和未监管方面因素：未监管次级住房、《金融服务现代化法案》和衍生品。在每种情况下，他回顾的（和未来的）政策解决方案更多是联邦监管或新的联邦立法。然而《格拉斯—斯蒂格尔法案》，在它被联邦立法机构“废止”以及由联邦监管机构否决禁止或监管次级贷款的可能性之前就已经存在了。所以，正如斯蒂格利茨在所有情况下建议的，如何确保给予监管者和立法者甚至更大的权力将不会导致类似的错误？

使斯蒂格利茨不同寻常的是他相信他有一个关于全面的政策建议的系统论据。这个论据是为系统的现状作狭隘的辩护。因此，斯蒂格利茨（2010a，243）指出，当市场不完善时（因为它们总是这样），“总是（有）一些政府干预措施，可以使每个人都受益。”然而，这个理论的真实性没有论及现实世界的政府决策者是如何事先知道哪些干预措施将使每个人都受益而又不引起更糟糕的意想不到的后果。

我们认为对这个问题，斯蒂格利茨的回答是过分简单化的：选举的立法会议员和雇佣的监管者将做一切斯蒂格利茨会做的，或回顾已做的。因此，斯蒂格利茨（2011）坚持认为（不提供任何证据的情况下）废除《格拉斯—斯蒂格尔法案》的立法者由华尔街出资参加竞选是腐败的；只要诚实的斯蒂格利茨式的立法者被推选，他们将不会做他们所做的。至于监管者，问题是他们的思想意识：他们是不相信调控的自由市场的正统派。斯蒂格利茨指出，“有效的监管要求相信它的监管者。监管者应该从那些可能受到失败调控伤害的，而不是将会从中受益的人中选择。幸运的是，在工会、非政府组织和大学里有大量的金融专家”（斯蒂格利茨，2010a，179）。然而，在现实中，监管者（和立法者）来自大学，但他们没有学习过斯蒂格利茨的教材。[8] 他们仅仅是解读他们具有的不同于斯蒂格利茨思维方式的信息，事后看来，他们应该解释它。

从系统层面来说，斯蒂格利茨试图解释现代民主和易变的选民及他们选出的官僚主义的代理人相符合。从本质上说，他解决这个问题的办法就是持续低估人为错误的可能性，即否认人类（或至少是未堕落的人类如他自己）是容易犯错误的。在 Robert Skidelsky 的一篇评论文章即 *Keynes*：*The Return of the Master* 中，斯蒂格利茨（2010b）强调了 Keynes 关于风险——“在我们拥有良好的统计数据的情况下，我们可以有意义地探讨一个特定的事件将发生的可能性”（斯蒂格利茨 2010b，17）——和不确定性即无知，斯蒂格利茨甚至不愿费心去定义之间的明显区别。[9]“大部分导致危机的行为”，斯蒂格利茨声称（再次没有证据），“不依赖于这种区别。更重要的是，例如，激励机制，它鼓励银行承担过多的风险”（补充强调）。斯蒂格利茨接着说，除了“有缺陷的激励机制，监管不足和缺乏顾忌也有助于解释滥用的、在这次危机中发挥很大作用的借贷行为。”换句话说，银行家们故意承担了太多的风险（因为他们有动机这样做），有人（贷款人？借款人？）“缺乏顾虑”，也就是说，他们知道他们做错了什么。到目前为止，斯蒂格利茨还没有考虑到任何人的无知，的确，严厉批评 Skidelsky 强调凯恩斯坚持“不确定性”的作用这一点是要否认无知在危机中所发挥的作用。

鉴于（联邦）监管者拥有需要禁止次级抵押贷款的所有权力，为什么会出现“监管不足”？即使是一个盲目信奉“市场原教旨主义”的监管者也会被某些事实的意识形态所蒙蔽，如果确认这些事实，将会导致他或她做了正确的事情：那就是，理论家们一定不知道某些非常重要的东西。

现在回想起来，我们可以很容易说次级抵押贷款或证券化应该被禁止，但是很少有人（也不排除斯蒂格利茨）正确预测了这些政策的影响。此外，政治压力有利于次级抵押贷款，也可以作为一种手段达到促进可调整利率抵押贷款（ARMs）和证券化的目的。与以往不同，如果一个人拒绝解释制度是如何被要求找到认知资源，以确保那些知道该做什么的监管者将会在未来负责，那么他甚至不用响应本轮危机提出的预期“政策问题”，比如是否应该有更严格的监管（正如斯蒂格利茨要求的）。简单地将所有权力交给诺贝尔经济学奖得主，例如斯蒂格利茨，是没有答案的。有许多诺贝尔经济学奖得主，他们常常不同意彼此的看法。他们哪一个应该是会确保监管机构下次不犯更糟错误的经济学的王者？

不受监管的衍生工具

在那些可能（事后）不知道其行为后果的受过大学教育的经济学家当中有 Lawrence Summers，他当时是哈佛大学政治经济学教授，也曾是美国经济协会的约翰·贝茨·克拉克奖章（授予 40 岁以下的最好的经济学家）的获得者，和未来的哈佛大学领导。克林顿总统的副助理财政部长（和奥巴马总统未来的首席经济顾问）Summers，他是美国商品期货交易委员会（CFTC）的 Brooksley Born 提议的重要反对者之一，Born 研究了要求信用违约互换（CDS）通过中央交易系统而不是柜台进行交易的可能性（Gjerstad 和 Smith 2011）。Summers 拒绝了 Born 基于学院派经济学家共识的建议，他们认为衍生产品是降低风险的重要工具，特别是当他们可以被定制给信用违约互换“交易”不同方的特定风险。这种量身定制可以不在交易所进行，这就需要标准化合约。

本质上，现在受质疑的衍生工具是针对一期私人抵押支持证券（PLMBS）款项将不能偿还债券持有人可能性的保险合同。这种风险（更确切地说是不确定性）被债券持有人交换到“合约对方”，如另一家银行或大保险公司的分公司，美国国际集团；作为被保险方支付一定费用的交换，如果抵押债券违约，交易对方有义务支付一定金额（Wallison 2011b）。银行和其他许多机构投资者利用衍生品来对冲抵押债券（和各种各样的其他投资）可能产生错误结果的风险。但是，比起一项汽车保险政策这并不会增加更多的风险水平，它是将风险从司机转向保险公司。

有人可能会认为，衍生品给私人抵押支持证券提供虚假的安全保证。但这个保证并不是假的。衍生工具合约仅仅只解决了一个难题，这个难题本质上是一个故事（见第3章）：美国国际集团（AIG），提供了大量的私人抵押支持证券保险，当它被（错误地）认为保险必须被支付的时候，它并没有足够的资金来支付这些合同。[10]

然而，AIG导致了另一个救助的问题正如导致危机的因素一样无关紧要，房利美和房地美的问题也是如此。在2008年9月16日，雷曼兄弟倒闭之后的晚上，“两房”被救助后的一个星期，AIG也接受了救助。一旦发生情况，由AIG出售的信用违约互换造成银行间正在进行的恐慌将不成问题：救助保证了信用违约互换会由政府付清。然而，不管怎样，恐慌迅速升级了。造成了恐慌的担忧关心的不是AIG的信用违约互换保险，[11]而是信用违约互换正在保险的东西：次级抵押债券。没有人会担心AIG支付这些信用违约互换的能力，如果债券本身的价值没有因雷曼兄弟的倒闭而受到质疑。

这并不是否认商业银行将不必担心其信用违约互换交易对手，如果美国商品期货交易委员会已经要求该合约在交易所上市，交易所将备份合同，正如Born已提出的研究。如果该交易所已建立了一个巨大的现金储备，总数超过受质疑合同，那么也就没有恐慌了。于是有人可能会合理地推断，强制信用违约互换在交易所募集不可能有坏处，实际可能帮助减轻了金融危机的严重性。

表 1.2　美国及其他地区商业银行的证券敞口（四舍五入，百分比）

	美国银行	英国银行	不包含英国的欧洲银行	亚洲银行
住宅低押	42	24	19	5
商业抵押	6	5	5	27
公司	32	27	27	60
消费者	4	6	5	2
其他	16	38	43	6
合计	100	100	100	100

资料来源：IMF 2009a，表1.13。

从“政策的角度来看”，这可能是问题的结束，但是如果我们对危机的原因、资本主义和现代民主的启示有兴趣，根本问题仍然是为什么会有那么多被商业银行买入的信用违约互换保险的抵押债券？信用违约互换本身与这个问题无关。潜在的因变量仍然是商业银行中住宅抵押债券过分集中，表1.2给出了一个初步描述。[12]

不幸的是，我们的经验是非美银行的数据比起表中所展示的那些数据难以得到的银行更为良好。因此，在接下来的章节里，我们将介绍欧洲银行的情况，但是我们的主要焦点仍将被限制在容易获得数据的美国银行上。自从金融危机成为一个全球性事件，或者至少是一个跨大西洋的事件后，整个故事在继续上演。

《格拉斯—斯蒂格尔法案》的“废除”

正如我们曾提到的，David Leonhardt 指出了“废除”《格拉斯—

斯蒂格尔法案》不大可能，此法案在贝尔斯登破产接着是雷曼兄弟破产上扮演了重要角色——独立的投资银行没有受到金融服务现代化法案中废除部分《格拉斯—斯蒂格尔法案》的影响，《格拉斯—斯蒂格尔法案》是把商业银行和投资银行分开的。然而，虽然 Leonhardt 对关于金融自由化造成了这场危机的传统观点的反驳是远远不够的，但投资银行没有能力导致经济衰退。不同于商业银行，投资银行不借钱给实体经济中的企业（相对于贷款给投机性投资者和从事投机性投资本身），除了作为由投资银行负责股票或债券发行的承销过程的一部分的时候，一笔用于该公司发行证券的过桥贷款是必需的。因此，投资银行的问题传输到实体经济只能通过一些促使商业银行贷款下降的过程。

如果依据金融服务现代化法案的格拉斯—斯蒂格尔修正案在导致经济衰退上有任何作用，那么，它会允许银行控股公司的投资银行可调整利率抵押贷款把损失传送给商业银行，它们中的一些隶属于银行控股公司（BHCs）。因此，正如 Leonhardt 所指出的，陷入困境的投资银行不仅将成为银行控股公司的附属公司而非独立的；而且与它自己的假设相反，投行在私人抵押支持证券上的损失将不得不减少它们隶属于的商业银行的资本总额。然而，很难想象在金融服务现代化法案的条款下这是如何发生的。在金融服务现代化法案下，一家银行控股公司仅仅是它附属公司的股东，它不对附属公司债务负责，如果银行控股公司的投资银行子公司或其本身破产，商业银行子公司是不受影响的。此外，“银行法律和法规阻止银行证券附属机构（投资银行）或子公司的行为受相关银行状况的不利影响”（Wallison 2009b）。[13]

金融服务现代化法案也允许商业银行本身（而不是商业银行控股公司的母公司）有投资银行子公司。但类似的限制适用于它们。例如，当投资最初形成时，商业银行在其投资银行的投资从商业银行的资本净值里扣除，所以由于它们的从属关系，商业银行没有进一步亏损是可能的。只有利润是可能的，以投资银行支付给其母公司股息的形式——不管母公司是商业银行还是银行控股公司。

甚至超出 Leonhardt 意识到的，那么，金融服务现代化法案是无关的。我们重申，关键问题在于商业银行，而不是投资银行。

银行家的奖金

这场危机的企业薪酬理论是一个“道德风险”的故事，就像由于存款保险的理论，法律资本缓冲是必要的。在这种情况下，银行家们被其绩效奖金产生的激励置于一个危险的道德境地，在那里他们的行为可能与其雇主和整个社会的利益相反。那些支持这个理论的人们，像是斯蒂格利茨和 Judge Richard A. Posner（2009），声称银行家故意过度冒险，因为他们的薪酬方案鼓励过度的冒险。银行高管因为利润而接受绩效奖金；但如果利润变成损失及高管被解雇，他们经常有“金色降落伞”来保护他们免受经济损失。与此同时，低级别员工（尤其是交易员）因其短期有利行为得到了年度奖金，即使他们的行动在未来几年造成银行巨大损失（Posner 2008，93～99）。

需要注意的是，正如斯蒂格利茨对 Skidelsky 关于凯恩斯的早期批评，这个理论减少了危机中风险承担的问题：即故意承担“已知”的风险，故意承担高管及下属未察觉的风险（因他们对未来的无知）。总之，企业薪酬理论是一个典型的经济学家的激励描述，为了眼前的目的，他把经济行为主体看做无所不知的存在。[14]

现金带来的奖励特别容易鼓励短期冒险，因为奖励“通常是基于一年的目标，每年给予一次”（Balachandran、Kogut 和 Harnal 2010，11）——目标诸如，就高管来说是整个银行所产生的利润，或是由下属员工如交易员的工作，其所在单位产生的利润。然而，股权激励（用股票或股票期权的支付），这是高层管理人员薪酬激励的首选形式，它倾向于支持一个较长的时间跨度，因为在银行家获得这些奖金之前有一个三到五年的等待股票权利行使期。这将消除他们为了抬高支付给其股票价格而故意采取过度冒险行为的，所有诱因，至少如果由此引发的风险，可能会对三到五年内的股票价格产生相反的效果。此外，对于在当年获得的股票每年开始一个新的授予期。如果高管想要在银行继续工作，超出他们可能（理论上）愿意让短期风险变成长期灾难的时间范围将把三到五年重置为未来的每一年，尽管这种对冒险的相反激励将可能会使高管多年来积累的股票缩水。另一方面，如果高管持有这些股票而不是出售它们，他们的整体激励将在进一步提高股价的积极行为，和防止损失将压低未售出股票和尚未支付奖金的股价这样的保守行为之间达成平衡——更别提风险如此之高以至于它们会威胁到银行偿付能力的行为。

还有其他的抵消因素，比如个人荣辱，假设一个高管把他的或她的公司弄糟。还有令人信服的该公司的员工和股东的责任感。这样的因素也可以适用于用现金奖金补偿的下属员工，他们可能会彼此感到一种责任感，对他们的雇主或全社会负责。最后，银行冒险的员工由控制过分行为的风险经理来监督。简而言之，在银行工作有很多交叉的“激励”，就像当人们按照一个制度和文化背景行动的时候，总是有“激励”一样——也就是说，一直。

那么，以绩效为基础的激励一定会引起危机，这绝不是显而易见的。这一理论之所以得到广泛认同，可能是源于出版的第一批有关危机的学术书籍中的一本，Posner 的《资本主义的失败》，早在 2009 年由哈佛大学出版社出版。然而，Posner 没有提供任何证据来证明他的假设与金融危机确实有联系（Kraus 2011），也没有任何其他学者用企业薪酬理论来解释危机（例如，Rajan 2008；Thanassoulis 2009；斯蒂格利茨 2010a，151～163）。就像任何逻辑上有效的理论一样，企业薪酬理论对给定的现实世界的事件可能是一个合理的解释；但是如果我们打算区分逻辑可能性和经验实际，我们需要有证据显示理论中假定的力量存在于手头的案例，以及它们并没有被其他因素所抵消（Mill 1836［1967］；Friedman 1996）。

然而，到目前为止（2010 年 11 月），学者们仅给出了三个涉及企业薪酬是否造成了金融危机的实证研究，[15]其中没有一个支持这个理论来解释本轮危机。在附录 I，我们详细分析了这些论文中的两篇。在这里，我们将作出总结，考虑到仅第三篇论文（Cheng、Hong 和 Scheinkman 2009）提出证据表明公司薪酬在危机中发挥作用——起作用的不是绩效奖金，而是支付给高管的金额。本文发现，支付相对较多给高管的银行和银行控股公司（无论这是否是绩效激励的形式），倾向于比平均水平持有多 1% 的私人抵押支持证券（2009，表 6），没有任何可举出的证据能解释剩下的 99%。

当然，证据缺乏不是没有证据。还没有人发现企业薪酬制度导致了危机，这一事实并不意味着没有人曾发现这样的证据，或者，即使什么也没有发现，企业薪酬论题也是错误的（它可能是真实的，虽然我们仍然不知道它真实性的证据）。然而，有非常有力的证据反对该论题，它对在第 2 章我们所辩护的另一种理论极为重要。

在找出这个证据之前，记住依据根深蒂固的经济学家的假设的企业薪酬理论所起的作用，这是很重要的，该假设是经济“主体”知道一切他们需要知道的，如果他们想要作出“理性”的经济决策（Simon 1985；Colander 等 2011）。[16]这种假设似乎有两个根源。首先，如果经济模型完全包含了行为人对关键信息的无知，那么对来自经济学家政策建议的政治要求就不能被满足，因为一个无知的完全理性[17]的代理人可能，至少在极限情况下，表现出任何行为都在追求他或她的自我利益。[18]其次，如果影响到他或她的行为是可预见的，经济主体必须意识到激励，并知道如何实现激励所提出的目标。由于微观经济学几乎完全可还原为博弈论的激励的故事，因此，经济学家严重依赖于基本假设，即经济主体主观知道一个客观假定的激励的存在，以及他们知道如何利用它。

对极有学识的行为主体的偏见显示在企业薪酬理论上。针对银行家的“鲁莽”行为的绩效激励的谴责，有人认为不仅是银行家有在短期内赚钱的动机。有人认为因为他们有动机在短期内赚钱，所以他们故意冒额外或“鲁莽的”风险——他们所知的风险可能是被他们将拥有个人财富的这种积极作用证明是合法的——但是他们也知道那些风险会危及银行中期或长期的生存能力。

如果我们删除深思熟虑的假设，代之以银行家是无意中“鲁莽的”的假设（也就是说，他们错了），想想会发生什么。根据这个假设，银行家的行为只是现在回想起来是不顾后果的，但是当时没有感知到银行家是不计后果的；因此，他们的鲁莽不可能是受到激励影响，否则激励可能会鼓励鲁莽，因为这些只有在感知之后才可能操作（银行家必须认识到，如果他或她冒“不计后果的风险”X，报酬Y才可能接着发生）。因此，一个银行家行为的事后“冒险”比起她的动机是鲁莽的来说，将会更好地被归因于她对风险的无知。

因此，同意由于在缺乏具有抵消效应的激励机制下，短期绩效奖金的影响是鼓励不计后果的行为这样的讨论，一个银行家对其行为额外风险的无知，不能由绩效激励来促使其采取被证明是额外风险的行动。如果她采取了那些行为，一定是因为她不知道她是鲁莽的。一个不是以经验为主的企业薪酬论据，展示了故意鲁莽的行为，因此，其价值只是说，事后，我们决定归罪于那些作出轻率的AAA级抵押保证债券投资的银行家们，他们用银行的钱“投机”，因为他们有动机这样做（Dewatripont、Rochet 和 Tirole 2010，45）。

基于假定，没有理由喜欢深思熟虑的假设而不是漫不经心的假设。只是确立企业薪酬结构的存在可能会鼓励冒险，因此证明不了他们是否确实鼓励冒险——除了通过假设。因此，Marc Jarsulic 对企业薪酬理论阐述得很清楚（2010，xix）：“因为这些资产的短期回报是很高的，交易员和经理的回报也很离奇，高管们很乐于将其公司长期置于险境”，这里的“乐于”表明假定他们知道他们将公司长期置于险境。

撇开试图使假设代替研究，我们发现有两个理由认为，总的来说，故意冒风险并不是导致危机的一个重要因素。首先，如果银行家负责收购证明有毒的抵押贷款债券，虽然企业薪酬理论认为，鲁莽的赌徒，无视风险，那么他们应该试图用法律允许的最大杠杆（借来的钱）下注。这将放大他们的潜在收益。

至于美国商业银行，相关的法律是 1988 年的巴塞尔协议Ⅰ，此协议于 1991 年由美国联邦存款保险公司、美联储、美国货币监理署和美国储蓄机构监理局在美国实施。为了维护准予“资本良好”的美国银行的法律特权，[19]这些条例要求一家银行将必须用自己的（不是借来的）资本，投资至少 10% 的投资项目和贷款。根据巴塞尔协议，借入资金的总额允许资本雄厚的商业银行被设定在银行资产价值的 90%。

由鲁莽投机者经营的银行应该已经非常接近这个限制，但大多数银行都并没有。在 2007 年，美国最大的 20 家商业银行的监管资本水平平均为 11.7%，超出法定最低水平近 20%（Kuritzkes 和 Scott 2009）。当一家银行包括较小的商业银行，其监管/资本水平直至 2007 年中是 12.79%（Pittman 等 2008），比资本雄厚银行的法定最低水平高了将近 30%，比“资本充足”的高出 60%，8% 绝对是所有银行的法定最低水平。

此外，这些数据低估了美国商业银行在危机前的总体稳健性。计算杠杆率通常是总资产除以由巴塞尔Ⅰ定义的“一级资本”，一级资本是从销售的普通股股份和留存收益中收到的资金。由于这些资金代表了在最严格的和最安全的意义下的资本，正如在第2章中解释的，相对于不可知的未来一级资本被认为是一个真正可靠的缓冲。对于资本充裕的美国银行，最大的法定一级杠杆比率是20:1（5%的最低一级资本），但是在危机前夕，所有美国商业银行的一级资本杠杆比率略低于10:1（Barth 2010，图5.13）。简而言之，近一半的银行在法律的允许下用这种方法进行杠杆投机。

此外，不同银行的监管资本比率差异很大，即使它们都具有相同的“激励”，根据企业薪酬理论，即最大限度地发挥其杠杆作用。例如，使用1级杠杆比率，花旗集团的杠杆比例为19:1，摩根大通为13:1，而美国银行为12:1（Barth 2010，图5.14）。[20]正如Jean - Charles Rochet（2010，97）最近所说的，“这一点也不罕见，对于那些设法让银行主动采取审慎的政策来说，除了最低监管要求，保持一些资本作为预防措施。”这种持续到金融危机前夕的审慎反驳了至少是银行高管（而不是交易员）故意冒太大的风险来提高盈利的意图。的确，即使实际已破产的商业银行有着比法律所要求的令人瞩目的较高的监管资本水平（Kuritzkes和Scott 2009）。这暗示他们破产的主要原因不是（一般来说）故意冒险而是无意中的冒险——或者，确切地说是（在通俗意义上，因为所有投资和贷款都是有风险的），在冒险过程中，银行家们不知道真正的风险水平。

至少在总体上，怀疑银行家为追求收益故意过分冒险的第二个理由是他们买了可得的、至少有利可图的抵押支持证券（MBS）——要么是机构债券，由政府资助企业发行，因此，获得美国政府隐性担保；要么是AAA级的私人抵押支持证券或担保债务证券（表1.1）。与评级较低的私人抵押支持证券相比，机构和AAA级抵押支持证券不只是被评价为“较低的风险”；作为这些评级的结果，AAA级债券比评级较低的债券支付的票息更少。银行家为了获得最高的绩效薪酬，试图最大化他或她的收益，全然不顾风险，永远不会购买用来代替由于较低评级而拥有更高息票的债券的机构债券或AAA级债券。这就是商业银行家们已经做的。[21]

一个更详细的着眼于抵押支持证券组合的商业银行允许我们把更好的点放在银行家的风险规避上。虽然所有商业银行的担保债务证券被评为AAA级，但它们客观上可能比AAA级私人抵押支持证券部分或机构债券更危险，因为担保债务证券往往被分为私人抵押支持证券的中间档。担保债务证券规定的基本原理是，它们甚至比私人抵押支持证券更安全，因为更多的资产多样化包括它们在内。但是当它们对支付较高的中间层债券分档，AAA级担保债务证券债券比AAA级私人抵押支持证券更有利可图，正如AAA级私人抵押支持证券比机构债券更有利可图一样。因为债券投资的经验规则是，更高的回报率意味着更大的风险，获得担保债务证券的商业银行的交易员认识到它们存在较大的风险，这是可能的，尽管这些债券是AAA的评级。

表1.3显示了在三种类型的“安全”投资之中商业银行的资产分布，最安全、收益最低的债券在第一列中，客观上风险较高的债券在中间，风险最高的但最赚钱的在第三列。最后一列添加了两个相比风险最高来说最安全的抵押贷款债券的类别。总的来说，该表表明追求更高收益的冒险并不是商业银行购买债券的重要因素。银行家一贯倾向于选择收益最低、可得的抵押支持证券（机构债券）和最不赚钱的私人抵押支持证券（那些评为AAA级的）——而不是担保债务证券。

表 1.3　　**银行家的安全性偏好**　　单位：%

	机构抵押支持证券	AAA 级私人抵押支持证券	AAA 级担保债务证券	AAA 级私人抵押支持证券和机构抵押支持证券
美国商业银行和储蓄与贷款机构的抵押债券比例（按类别）	64. 3	28. 9	6. 8	93. 2

注：美国商业银行投资在政府担保或 AAA 级私人抵押支持证券和担保债务证券的抵押债券的比例。AAA 级担保债务证券主要由中间层私人抵押支持证券组成，因此，客观上比高级（AAA 级）私人抵押支持证券风险更高。

资料来源：雷曼兄弟 2008。

我们承认这些数据比起杠杆比率来说对于企业薪酬理论不太有说服力，因为虽然我们知道单个银行的杠杆比率，如花旗集团，但我们在资产构成上没有与表 1. 3 显示的总体数据一样细致的个人层面的数据。大概陷入困境的银行趋向于拥有更高比例的高风险债券。

然而，人们也应该记住表中所丢失的：任何评级低于 AAA 的债券（私人抵押支持证券或担保债务证券）。这些会是最有利可图的选择。一般避免 AA 级、A 级和商业银行建议的评级较低的抵押贷款债券，在最坏的情况下，贪婪的交易员通过越过风险经理偷偷购买 AAA 级担保债务证券的方式来应付他们：风险经理的“检查”很可能是评级，而不是抵押品的细节。然而，在这种情况下，我们会想知道为什么有人相信评级卡特尔制定的等级；我们在第 4 章将探讨这个问题。

“太大以至于不能破产”

同样的两个注意事项反对危机的“大而不倒”理论，就像公司薪酬理论是一个经济主义、道德危险的故事，它假定最大银行的经理充分了解其风险的目标（事后）水平（例如，Volcker 2010，12）。正如斯蒂格利茨（2010a，164）解释的（再一次没有提供证据），银行“知道它们太大而不能倒闭，因此它们承担风险正如经济理论预测它们会做的那样。”

换句话说，银行家故意进行冒险押注的原因是，他们也“知道”如果赌注出问题，他们会被救助。然而，如果有这种情况，银行家们将会用杠杆撬动赌注以达到法定最大值；他们应该购买了不成比例的大量的债券，债券来自高收益的私人抵押支持证券中间档和担保债务证券，而不是来自相对低收益的AAA级私人抵押支持证券和担保债务证券部分，甚至是更低收益的机构债券。

“太大而不能倒”（TBTF）理论也要忍受不适用于公司薪酬理论的逻辑缺陷和证据。首先，“太大而不能倒”理论的证据主要由两个历史事件组成，1985年救助伊利诺伊大陆银行，和1998年救助对冲基金——美国长期资本管理公司（LTCM）。这些事件应该会使最大的商业银行的高管们放心他们也会被救助。然而，当伊利诺伊大陆银行倒闭的时候，其经理被解雇，股东出局。当长期资本管理公司被救助的时候，其负责人基本上垮台了。对于任何自私的银行高管来说，把一家银行搞糟是不符合逻辑的，因为其相信如果他当时被解雇（并且，如果补偿了股票，就垮台），那么银行将被救助。不仅公众的谩骂会紧跟着主要银行的倒闭，而且“破产的声誉影响有可能包括失去管理其他银行公司或被委任为其他银行公司董事的机会”（Mehran和Rosenberg 2009，8～9）。此外，“对于银行CEO（银行行长），一套具有法定的责任和明确的监管期望的高标准可以促进其经营，相对于非银行的CEO来说。”因此，救助伊利诺伊大陆银行和长期资本管理公司而产生的激励措施会鼓励其他“太大而不能倒”银行去冒险，这一点也不明显。如果说有什么结论的话，杠杆率和银行的资产组合暗示了银行家可能从那些救助行为中吸取了完全相反的教训。

然而，这有一个微妙的“太大而不能倒”理论，就是根据早期对银行的救助造成了鼓励不顾后果的行为，这没有发生在银行高管之间而是发生在某些银行债权人之间——即由“太大而不能倒”银行发行的企业债券的购买者——因为伊利诺伊大陆银行的债权人（尽管不是长期资本管理公司的债权人）会被救助。

正如我们前面所指出的，债券（感知）“风险”越高，其发行人必须提供给投资者的息票越高，免得他们拒绝去冒这个险。于是，根据这个版本的“太大而不能倒”，1985 年的救助伊利诺伊大陆银行使得债权人对 21 世纪“太大而不能倒”银行公司债的较低的息票满意，这低于如果他们认为这些银行从事高风险活动时将被允许破产的可以接受的息票。因此，没有隐性“太大而不能倒”的担保，大银行的债权人会警惕一部分银行的鲁莽行为，提高从事过度冒险行为的银行支付的息票，从而使这些银行支付更高的利息；这将阻止银行经理从事冒险行为。然而，由于一个隐含的“太大而不能倒”保证，债券购买者的警惕性就衰退了，因为他们不再有动机去提防冒险行为：一个从事太多冒险行为的大银行将被救助，因此，银行的债权人不需要担心什么。

这个理论表面看来难以置信，不仅因为最近的救助，比如 LTCM（在 1998 年），并没有保护债权人的利益，而且因为这个理论假设警惕的债权人会更加意识到银行高管购买 AAA 级抵押贷款支持证券是“冒险”的行为，高管的事业和股份持有人处于危险之中。简而言之，这个理论归功于同样无所不知的债权人，那么公司薪酬理论归因于银行家。

此外，对这个版本的“太大而不能倒”理论可以进行实证检验，且检验失败了。Dean Baker 和 Travis McArthur（2009；参看 Hart 和 Zingales 2010）通过比较支付给大型银行公司债的息票和支付给小银行的息票来检验理论（定义为那些拥有超过 1 000 亿美元的资产）。他们发现，大型银行不得不支付平均为 0.29% 的债券利息，这要少于小银行支付的——对于小银行，累计到 29 个基点的“风险溢价”。这应该肯定了“大而不能倒”理论，但是有许多小型银行可能被认为比大银行风险大的非“大而不能倒”原因。例如，大型银行国内和国际的存款及投资基础减少了违约概率，在地区或国家经济低迷的情况下，规模较小的银行总是更容易受到经济低迷的影响。

比比较大银行对小银行的借贷成本更合乎逻辑的，将是比较推测的“大而不能倒”银行的借贷成本与“两房”的借贷成本。“大而不能倒”理论如果是真的，那么“大而不能倒”银行的公司债券，一定经过债权人考虑认为与“两房”发行的公司债券相似：就是说，“大而不能倒”银行的债券应被视为政府隐含的担保，就像房利美和房地美的债券。但是，这一对照伪造了这个理论。例如，在 2004 年 7 月，当大部分的抵押贷款债务被增加到商业银行的资产负债表中，“两房”债券超过“无风险”国债的平均价差约 20 个基点（Barth，2010，图 6.19），而由美国三个最大的银行——花旗集团、摩根大通、美国银行发行的公司债券的平均价差分别为 53、75 和 55 个基点。[22]

除了所有三个最大银行的公司相对于“两房”的公司债券的价差更高外，摩根大通和花旗集团之间 22 个基点的价差值得特别关注。确定太小而不能被救助的银行与大型的，据称“大而不能倒”银行之间的价差几乎与 29 个基点一样大。然而没有人能想到摩根大通，美国第二大银行规模太小以至于不能救助——至少没有任何人认为最大的银行确实是太大而不能被救助。相反，这些年来，摩根大通较低的盈利能力（Tett 2009a，第 8 章）对其更大的风险溢价而言是一个合理的解释，即使它被证明是大银行中最安全的，一旦危机爆发。如果有的话，总的来说，摩根债券要求一个更高的风险溢价的债权人，应该（根据“大而不能倒”理论）对通过警惕地检查摩根的实际控股引起这方面需求的所有担忧作出反应，那么——实际上对这些控股传达出的有关未来的好消息无所不知——他们应该驱使摩根的风险溢价远低于花旗集团和美国银行的风险溢价。

然而，所有三个最大的银行比“两房”有更高的风险溢价，这是可能的，因为相信大银行可能会在危机中被救助的银行债券的投资者们，也许仍会认为房利美和房地美更有可能被救助。也或许一些大银行的债权人怀疑“大而不能倒”的概念，抬高了这些银行的风险溢价，虽然“两房”的债权人中较小的一部分是救助论的怀疑者。

两个场景无疑是真实的，在某种程度上：成千上万的不同的人投资于这些债券，当然他们一定有不同的风险认知。然而，关于银行的绩效薪酬计划，有人所说的非常相似：商业银行数以万计的管理人员和下属交易员可能有一个客观的激励来承担过度的风险，他们中的一部分可能主观上已经认识到，通过说服风险管理主管和他们可能有的任何道德疑虑，这种激励可以被利用。换句话说，“大而不能倒”理论和企业薪酬理论对产生危机的一些行为提供了合乎逻辑的解释。然而，问题是有多少？这是个经济学家几乎无视的问题，正如斯蒂格利茨所承认的，因为道德风险理论对于经济学家关于“激励”的首要地位的先验假设是如此令人欣慰，以至于经济学家似乎没有想起其他因素可能一直在起作用。

当我们询问这些激励措施实际上是多么重要的时候，我们不苛求一个不可能的精确度；我们只是想知道两个道德风险理论（企业薪酬和“大而不能倒”）中的任何一个是描述了“相对小”的实际行为还是“大量”的实际行为。例如，表 1.3 的数据表明，那些无视风险的银行家们，由于对奖金所提供的冒险的短期刺激，并没有影响银行的按揭证券投资组合太多——尤其是考虑到所有私人抵押支持证券或担保债务证券没有通过商业银行支付更高的由 AA 级和评级较低的债券提供的收益来购买。同样，银行风险溢价的数据表明，事实上，救助银行的前景据说如此，“大而不能倒”不是他们有权使用相对便宜贷款的主要决定因素；纯粹规模、国内和国际比例、盈利能力似乎已经作为大多数投资者对银行违约风险的探索。

当然，鉴于随后的救助，“大而不能倒”有望成为未来一个非常现实的因素，但没有证据表明它是导致金融危机的一个主要因素。

“非理性”及解释

一旦房价在 2006 年趋于稳定，在 2007 年开始下降，可以预料一个负面的联合作用已经打击了非主要借款人。检查贷款价值比率（LTVs）的行为可以看到这种作用，当房价上涨和下跌时。

一笔抵押贷款的初始贷款价值比率是 100 减去构成首付的房价的百分比。一个常规的 20% 以下的抵押贷款，其初始贷款价值比率是 80，而一笔零首付的抵押贷款，其初始贷款价值比率是 100。一笔在 2006 年发行次级贷款的平均贷款价值比率是 95（即首付 5%），平均 Alt – A 贷款的贷款价值比率是 89（Zandi 2008，33）。

低贷款价值比率的抵押贷款被认为是不太可能违约的，因为能支付 20% 首付款的借款人比起不能支付的，很可能经济情况更好，并且更有可能坚定地待在房子里，从而使其成为必须的支付——不像房屋投机者，他们把买房子作为唯一的投机性投资，并用尽可能少的钱投资房产。不过，在房地产市场的繁荣期，一个高贷款价值比可能会下降，仅仅是因为房子的价格正在上升。房产价格增长了 25%，零按揭的初始贷款价值比从 100 将减少到还可接受的 80。如果房子的价格正在上升的，财政上捉襟见肘的次级抵押贷款的借款人就有动机继续难以负担的付款，因为如果支付变得难以承担，他或她可以尝试为了获利而把房子卖了。

因此，不仅是政府资助企业，私人贷款者似乎很欢迎提供高贷款价值比的贷款作为房地产持续繁荣的机会。随着第二次抵押贷款的进行，低首付和零首付的抵押贷款激增：房屋净值贷款、房屋净值信用额度（HELOCs）和“再融资兑现”[23]，所有这些有效地提高了贷款价值比，通过增加抵押贷款的规模。这个效应抵消了房价上升，使得次贷和 Alt － A 级借款人更能负担得起第一和第二抵押贷款。因此，图 1.4 说明，随着时间的推移，有越来越多比例的抵押贷款债券的抵押品，包括 Alt－A 或“次级”贷款（根据借款人的低信用评级严格规

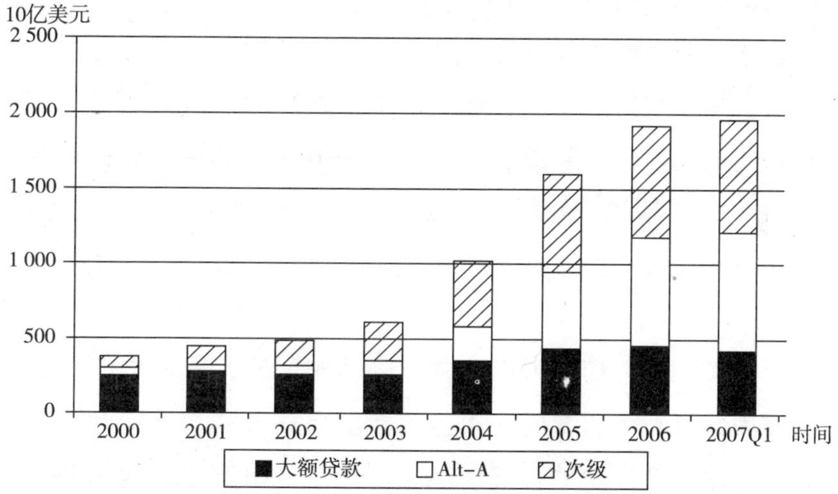

注：私人发行的抵押支持证券（MBS）余额。

阴影部分：次级；白色部分：Alt－A（介于优质和次级公司）；黑色部分：大额贷款（在常规限额以上的贷款）。

资料来源：Jableck 和 Machaj 2011。

图 1.4　次级债券泡沫的增长

定）。对于高信用评分而且是高贷款价值比的借款人来说，许多机构债券也是抵押贷款池中宽松意义上的“次级”。

随着房价下跌，贷款价值比率上升，且继续支付抵押贷款的动力下降。即使在一笔抵押贷款处于“标准线”以下（意味着贷款价值比率超过100）之前，借款人可能决定付款给一个转售价值直线下降的房子是并不值得的，可能仅仅是“回避”抵押贷款，如果他或她不能卖掉房子，假定他或她没有道德的顾虑。在大多数州，这是可能的，因为存在万一违约银行“没有追索权”这样的法律（Wallison 2011a）。而且它最有可能发生在次级和非优先级借款人身上，他们至少能承受最初的付款。因此，国际货币基金组织（IMF）在2008年4月报告，“起源于2005年6月的次级抵押贷款拖欠率继续上涨，超过任何之前的年份的记录的最高比率”（IMF 2008a，5）。“过去的年份”是指这一年，在这一年里创始了抵押贷款；拖欠是抵押贷款支付晚于正常时点，这通常是违约的前奏。国际货币基金组织的数据生动显示了次级抵押贷款的拖欠付款，起源于2000年——房地产繁荣之前——四年后达到高点，平均有25%的贷款余额未付（IMF 2008a，6）。相比之下，2006年的次贷已经达到了25%的拖欠价值，仅仅在它们发行的一年后。

事后来看，这一切都可以非常清晰地被看到，有人可能认为出于同样的原因，每一个明智的人本应该能够事先预测房地产泡沫破灭的效果，更不用说有经验的投资者和银行家了。事实上，他们的行为就好像他们没有预测到这已经导致“非理性繁荣”的流行作为金融危机的解释。

这个最初问题的解释与其企业薪酬和“大而不能倒”的解释是一样的：那些认为房价无止境增长会非理性繁荣下去的商业银行家们，会撬动比他们所做的更多的杠杆；并且他们会购买更高风险、更有利

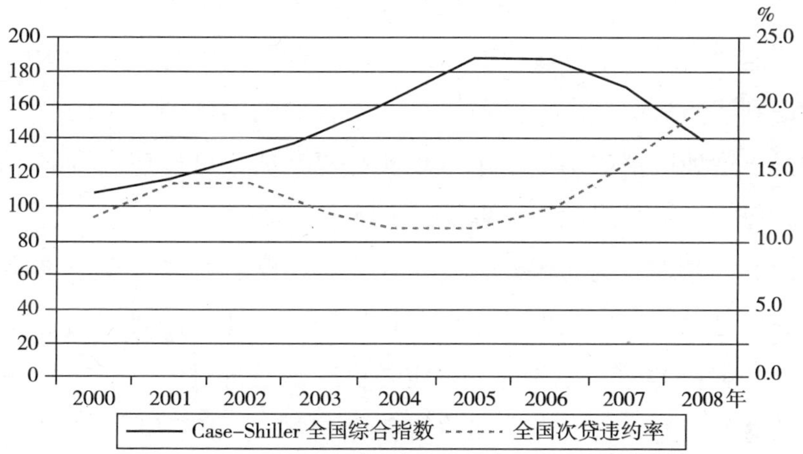

注：左轴：房价（Case – Shiller）。右轴：次贷违约率。

资源来源：标准普尔、美国人口调查局。

图 1.5　泡沫破裂：房价与次贷违约率

可图的私人抵押支持证券的中间档和 CDO 抵押债券，而不是低报酬的机构债券和私人抵押支持证券的优先档。

然而，作为解释危机的“非理性”概念也有概念上的问题。这些问题表明“非理性”经济是建立在作为传统的“理性”经济其无所不知的同样的假定上。

至少在其通俗的用法上，“非理性”实际上并没有解释什么。在这种用法上，“非理性”是令人费解的同义词：当我们说人们表现得不理性的时候，我们实际的用意是我们不明白他们为什么正在做他们所做的事情。很明显，这代表放弃解释这种行为的社会科学的目标的权利；叫人们疯狂仅仅是为他们的行为辩解。

具体来说，这种“非理性”的通俗用法把人的错误看做是令人费解的。因为对正在发生事情的正确解释——在这种情况下，正在推高价格的房地产市场的繁荣实际上是一个注定要失败的房地产泡沫——

事后来看似乎是显而易见的，我们假定在事前对任何冷静、理性的人，它一定是明显的，这样就只有情绪或非理性可以解释这种行为，即没有考虑到我们对房地产繁荣回顾性、不言而喻的解释的行为。另一种说法是，这种通俗的用法不承认现实是复杂的，可以产生许多不同的解释，每一个解释对健全、理性的人都是合理的。

因此，非理性的通俗概念表现有关客观现实的“信息”准确而典型，就像是没有任何理性的主体可以解释，如此不需要我们把该信息回顾性的解释考虑进去的行为一定是由于缺乏理性——而不是缺乏准确、典型的信息，或者存在如此信息的一个不正确解释。

总结我们观点的一种方式是说通俗的“非理性”假说比科学的（解释）更规范（“他们应该知道这是一个泡沫”）。总结的另一种方式是说，金融危机归属于非理性是事后偏见的运用：

在事后，人们一贯夸大预见中被期望的事实。他们不仅趋向于认为所发生的事情是不可避免的，而且认为在发生之前它已“相对不可避免地”出现了。人们相信其他人本应该能够比实际情况更好地预测事件。他们甚至记错自己的预测以致在事后夸大了他们所知道的预见（Fischhoff 1982，341）。

所有这些事后偏见的标志可以看做在“非理性”学派的一个学术（与通俗相对）派别。这个派别的领导，Robert J. Shiller 表示回顾（Shiller 2008，39）他在2005 年版的《非理性繁荣》一书里的某一个图2.1，演示了当时，自从20 世纪90 年代后期房产价格的增长不能归咎于基本的“长期”的因素，例如上涨的建筑成本、人口的增长，或上涨的利率，数字显示所有的这些增长均慢于房价。因此，2005 年以后的房地产投资是“非理性”的。然而，Shiller 忽略了另一个长期的因素，这个因素可能会影响很多人解释“繁荣”是基本面良好，而不是一个“泡沫”：“二战”后可支配收入的上升，直到2000 年这期间的房价几乎没有上升。

正如本·伯南克（Ben Bernanke）在2005年提出的传统智慧，房价在过去的两年里中上涨了差不多25%。尽管在一些地区，投机性活动有所增加，但在国家层面上这些价格上涨很大程度上反映了雄厚的经济基础，包括就业和收入的强劲增长、低的抵押贷款利率、稳定的家庭组建速度和在一些地区限制住房供给扩张的因素（伯南克2005，7）。

的确，尽管Shiller在2008年解释了自己的图2.1，但在2005年他没有承认存在全国性的房地产泡沫，相对于泡沫出现在一些“有魅力的大城市”（Shiller 2005，18）——当时地方泡沫被广为认同，Shiller占用这本书的一大部分以相当的洞察力来解释地方泡沫。然而，到2008年，事前“可预见”全国性房地产泡沫对于Shiller已变得显而易见，事后他嘲笑美联储前主席艾伦·格林斯潘（Alan Greenspan）在2007年出版的一本书《动荡的年代》，书中的一段格林斯潘写道，他过去常“‘告诉听众，我们面临的不是一个泡沫而是一团泡沫——许多局部的小泡沫，它们永远不会发展到足以威胁整体经济健康的规模’”（格林斯潘2007，231，引用在Shiller 2008，xii）。事后看来，对于Shiller这听起来如此荒谬，以至于他将它归咎于故意视而不见和宗教热忱（即非理性）。无论导致房地产市场繁荣的原因是什么，Shiller写道，“美国的国家领导人，特别是……没有看到这里引以为傲的资本主义制度优越性有时似乎是接近宗教的热情。”

然而，Shiller没有注意到在格林斯潘的书中的下一段，在2005年，也就是Shiller的图2.1发表的时候，格林斯潘暗示他知道炒房的广泛报道，到那时，结果对于他很清楚，就是“狂欢结束了”。此外，书中早先的段落里，格林斯潘（2007，230）在2002年或2003年经常明白地告诉读者们，仅仅是有了地方性的房地产泡沫。同样地，在2003年Shiller说道，“如果世界性的经济衰退扼杀了消费者的信心，他也只能预测到全国房地产衰退。只有一些'飙升'的城市如旧金山、丹佛、波士顿处于价格贬值的风险中，以及这些区域下降的几率要小于1/3。"[24]尽管在2003年Shiller预测到各地的房价会上涨，但他否认会产生泡沫，当时"他说道，'预测全国性的房地产泡沫这将相当有胆量。'"

我们提到的这段插曲，不是为了挑战一个知名的经济学家，也不是为了解开关于泡沫起源辩论的实质，对于此，我们没有什么争论。然而，Shiller把问题的实质解释为"心理学的"或者"情绪化的"；他称它为"社会传染"（Shiller 2008，41，强调原创），并得出结论认为，它造成了"非理性"的行为。即使经过最近的检验，这种行为结果是错误的，并不是由于任何真正的心理过程造成的，当然也不是通过"非理性"和"繁荣"这些术语暗示出来的情绪化过程产生的。[25]当然，Shiller从文化根源上纯粹地描述了认识论的失误，而不是从心理学上。

Shiller的"非理性"实际上是指市场参与者对重要信息的无知，或者是市场参与者对信息的误解。他写到的"社会传染"实际上是指一个"思想的传染"（Shiller 2008，41）。去掉伪医学术语，思想的社会"传染"简单地说就是错误信仰的广泛认同。然而，当人们互相联系在一起，或者听到媒体"合理的信仰"时，我们假设Shiller将不会称它为"社会传染"，因为这个医学术语恰好建议"非理性"。

我们同意Shiller关于人们在社交中得到他们的信仰的观点，这意味着从其他人那里得到（尽管我们从文化的角度更喜欢这个术语，因为信仰一定通过符号起中介作用促成）。但是关于这个没有什么非理性的。如果不从其他人那里，要么是熟人，或记者，或其他符号化的媒介那里，人们还能从什么别的地方得到他们关于现实的各种解释的观点？社会传播思想天生就不是错误的，更不用说"患病的"。而且，当一个社会传播的想法不够合理，这表示是现实中的某些方面的无知，或部分传播者的逻辑问题，或者理念的接受问题，而不是任何人的非理性（犯一个逻辑错误跟非理性不是一回事，更不用说未察觉到事实的问题）。

因此，例如，Shiller 和 George Akerlof 在《动物精神》中写到，这些“精神”源于“我们模棱两可或不确定的特殊关系”（Akerlof 和 Shiller 2009，4）。从 Akerlof 和 Shiller 的观点看，是模糊性和不确定性造成了资产泡沫，从而导致经济危机，而且是通过从“改变思维模式”到模糊性和不确定性导致的方式——特别是“改变经济本质的故事”（Akerlof 和 Shiller 2009，4）。的确，“故事”是他们认为的“动物精神”的五种类型之一，还有“信心”、“公平”、“欺诈”、“货币幻觉”四种类型。然而，动物不能讲故事，以及注意到模糊性或相信公平、信心或财富。所有这些假设的动物精神或情绪，实际上只作为思想在 Akerlof 和 Shiller 的书中出现，包括非常重要的“信心”：自负（简而言之就是“某人是对的错觉”）应该是非理性繁荣的结局，这样的情感引起了错误感觉，而不是正好相反。

事实上，我们建议因果关系的箭头经常（或者总是?）在相反的方向运行。如果一个人认为他是在一个安全的债券上投资，因为它是被分档、过度抵押化和评级为 AAA 级的，且因为它代表着在一个从未经历过一个重要的全国性房地产泡沫的国家里接触的房地产繁荣，那么他可能自负地认为投资会有好的结果，因此，如果他能够买了很多这类债券他可能会感觉到繁荣。但是这种感觉不是非理性的，即使这是建立在错误想法的基础上。此外，如果这种感觉证明是无根据的，这并没有说明情感来源于情绪或动物精神，而不是源于共享情感的那些人的所谓的好理由，例如是美国不断增长的财富。

正如本杰明·弗里德曼（Benjamin Friedman）（2009，44）所说，

Akerlof 和 Shiller 大量的论证屈服于……循环。信心是他们在解释当前危机中最强调的动物精神的元素。他们说，“这是我们的动物精神中首要的，也是最重要的。”对我来说，把钱存入我有信心的银行，这是理性还是非理性的？如果我对该公司的商业前景有信心，买它的股票是理性还是非理性的？依据 Akerlof 和 Shiller 的定义，这种行为是非理性的，因为对于他们来说“信心”是一种信念，不是理性分析的问题。“这种特有的术语‘信心’（他们写的）意味着行为超出了作出决定的理性方法。”

换句话说，Akerlof 和 Shiller 定义了情绪可以基于原因（他们是好的还是坏的原因）的这种可能性。这个定义是他们提出的唯一的“证据”，我们将需要心理诊断或动物行为研究来理解在危机上升期所采取的行为。

如同弗里德曼（没有联系）所说，我们只是反对 Shiller（和 Akerlof）的词汇。Shiller 使用他的图 2.1 例证了这个词汇可能引起的概念上的损失。Shiller 分析图形好像它有单个的“合理”解释，尽管如我们已经看到的，有其他合理的（设想错误）方式来解释它，包括 Shiller 自己当时的解释（即，它没有表示一个全国性的房地产泡沫）。我们也可以得出结论，Shiller 当时是“非理性”的，或者他像大多数人一样，不知道未来前景如何。在后一种观点，就像格林斯潘、评级机构和抵押贷款支持证券的投资者，包括银行家一样，Shiller 不知道隐约可见的全国性房地产泡沫，要么因为他误解了他所掌握的信息，要么因为他没有拥有被证明是准确且有代表性的信息。

虽然可以很清楚地预测未来通常是一个超越人类能力的任务，但我们已经看到，经济学家们缺乏知识来确认这样的情况：要么由于对

未来的无知，导致我们作出和文化上相互传播了许多的错误预测；要么由于我们正在解释的“论据”的复杂性，导致了一些误解，而那些错误的预测正是建立在这些误解之上的。经济学家如 Shiller 和 Akerlof，他们拒绝经济行为主体是无所不知的假设，不幸的是他们将这个假设等同于经济行为主体是理性的假设，这样他们在不知不觉中地试图创造出将有关无知行为主体的经济学，口头上转变为经济行为主体有着非理性“动物精神”的经济学。然而，有人使用的原因跟他如何消息灵通和有洞察力无关。只要我们把拥有的完美信息同理性合并起来，然后将拥有的完美信息和完美的推理能力合并起来，拒绝完美信息的假设似乎需要“非理性”作为替代的选择。

理性，作为经济学家使用的术语（Max Weber 的工具理性），不是指一种非情绪化的状态。它是一种倾向，把自己的行为看做一种达到其他人目的的工具，而不是作为他们自己的目的。Weber（（1968）1978，卷 1，25 ~ 26）通过使用“价值理性”（Wertrationalitat）这一术语把经济学家（或更准确的，结果主义者）的理性从相反的倾向中区别开来。根据 Kant 的训诫概括出的价值理性从不说谎，不顾后果。既不是价值理性也不是工具理性阻止那些在一个给定的情况下表现任一种倾向的人免予犯错，因为他们的无知或缺乏推理能力。理性和非理性跟无知或者愚笨没有任何关系。

那么，我们所留下的一些完整的传统智慧的基本原理，至少有待进一步调查研究：低利率、房利美和房地美促成的房地产泡沫。掠夺性的借贷（和错误的信仰）怂恿人们接受事后许多人证明是无法承担的次贷、次优级贷以及可调整利率的抵押贷款。

然而，如果在那些抵押贷款转换为私人抵押支持证券（PLMBS）之前，房地产泡沫已经破裂，而且如果商业银行没有获得近 5 000 亿美元的这些证券，或许就不会出现金融危机和经济衰退。低利率、

GSEs 、放松管制、银行的薪酬制度以及大银行太大而不能倒闭的见解和非理性的繁荣，这些都不能解释次级抵押贷款为何能进行私人证券化，或更重要的是，如此大量的资产是如何找到进入商业银行的投资证券组合的途径。我们将会在接下来的两章中分别解释上述事件发生的原因，以及如何导致经济大萧条。

在危机发生前的数年，银行资本方面，我们开始应用巴塞尔协议，该协议不仅管理银行资本水平而且包括商业银行获得的资产类型。

2　资本充足规定与金融危机：银行家和监管者的错误

银行的资本是指银行因其脆弱的属性而需要的安全保证。公司的资本本质上可以归结为其净值，也就是“资产减去负债的余额”（Gilliam 2005，293）。“银行的资本越多，当其负债超过资产时它所能吸收的净损失就越多”：资产是对破产的缓冲，当公司的资产下降到低于其负债的时候，就会出现破产。因此，资产被当做是公司的保护器，它对银行来说尤其重要。这是由于（商业）银行资产具有特殊的属性，用（商业）银行资产减去其负债，就可以得到它的净值。

例如，一个制造业公司，其资产可能大部分是由现金以及在破产时可以变卖以抵偿负债的项目组成的，比如它的工厂和设备、未售商品存货、地产（real estate）等。然而，就银行来讲，它的大部分资产并不是工厂和设备，而是贷款，比如抵押贷款、商业贷款和信用卡账户。从我们长期关注的会计意义上来讲，充足的缓冲资本对银行至关重要，因为这些资本普遍具有不确定性。

工厂可能遭意外烧毁，但是在凯恩斯的观点里，这种不确定性实际上是“风险”，因此，是可以投保的。保险公司根据对相关历史事件的演绎，计算出火灾发生的几率，相关历史事件包括工厂所处的地区、工厂所从事的制造业的类型等。保险公司基于这些因素预测未来事件发生的可能性。然而，由于牵扯到演绎，因此预测可能错误。不过，只要保险公司本身具有清偿能力，一旦发生火灾，被保险公司就有付款保证。

运用贷款违约保险来投保抵押债券，其深层解释是，抵押债券持有者违约的风险也可以通过历史数据计算出来。这些计算结果由评级机构完成，所以对此的解释显然是不正确的。我们将在下一章继续讨论这个问题，在这里，我们将讨论，现实中为什么那么多商业银行最终会在特别容易遭受火灾的地区建立工厂（收入型资产）。

在分类账中，除资产以外的就是公司负债。负债是公司对其员工、供应商以及任何公司借入资金或者与之达成支付货款、商品或服务的法律义务的人所欠的资金。另外，公司会经常以贷款、信用额度和公司债的形式发生负债。这些负债必须在利润以股息的方式分配给投资者之前进行全部清偿，但是，商业银行还有另外一种形式的负债：客户银行账户余额。

商业银行定义的特征是它从客户账户中获得部分资金，但是，不包括存款证和其他债券投资存款（定期），这些只需要在指定的日期偿清。银行必须时刻准备好用存款资金对特定客户借给银行的钱全额偿还到其支票账户或者储蓄账户。与其他公司相同的是，银行也从其他银行和债券购买者处借入资金；与其他公司不同的是，银行还可以从储户处借入资金。银行业务特殊的脆弱性是指银行将其借入的资金大量地借给抵押人、信用卡账户和工商企业：对于同一笔钱，银行既是借款人也是贷款人。借入的资金构成了银行负债的一部分，但当这些资金被贷出去后，又成为了银行资产的一部分。

可以肯定的是，这些从银行借款的人有偿还贷款的法律义务，但是，他们也可能证明自己无力偿还。如果借款人不履行还款义务，那么这个包袱就留给了银行，因为银行依旧对其债权人（储户、债券持有者等）有还款义务。因此，对银行来说，运用缓冲资本来抵补主要资产（即贷款）价值的意外下降就变得尤为重要。

缓冲的比喻可能不够准确，因为一个银行的资本并不是以现金的方式存放在保险柜的。相反，在支付利息的条件下，银行资本可以借给信用卡持有人、抵押人和工商企业，或者用于投资，例如，可以投资于公司债、股票、政府债或像次级抵押贷款债券等资产支持证券。然而，商业银行借出（或以其他方式投资）的大部分钱并不是资产，而是它向储户和购买银行债的人借来的负债。因此，就出现了对于商业银行的杠杆率——即借入资金与资本的比例的广泛关注。巴塞尔协议Ⅰ在美国强制执行，其中规定，"资本雄厚"的商业银行的杠杆比率为10:1，"资本充足"的商业银行杠杆比率为12.5:1。也就是说，巴塞尔协议Ⅰ规定最低缓冲资本比例为8%，对于美国法律认定的"资本雄厚"的商业银行，美国的金融监管机构将这一比例提高到10%。如果银行将借来的钱全部贷出或者用于投资，而没有任何留存（缓冲资本），那么其资产和负债就完全相等，银行就会濒临破产。但如果说，银行有8%的贷款和其他资产是由资本而非债务（负债）形成的，那么当银行贷款的坏账率达到8%，银行才会破产。

其次，银行资本能够起到"缓冲"作用所需要具备的特殊条件是，它不是借来的，因此不是欠款。利润——"留存收益"——是资本的一种来源，发行股票（而不是债券）是另一种银行增加资本的主要方式。股东增加在银行的所有权（股权），表示当银行进行清算或者被其他公司收购的时候，股东对于包括利润在内的累积资产的分配权。为了获得这种权利，在首次和非首次公开发行银行股时，普通股的购买者将现金全权交予银行。[1] 与通过出售债券募集资金这种借入资金的方式不同，通过出售股权募集的现金并不用偿还（忽略利息）给股票购买者，所以它也为应对未来的变动提供了部分必要的缓冲。

资本成为必需：资本充足性标准的困境

银行家发现他们面临的最大的困难就是挤兑。如果银行的储户们突然要取走所有的钱，银行会在还没还清最后一个储户的钱之前早就已经破产，因为大多数储户的资金都借出去或者用于其他投资了。大萧条在美国掀起了一阵前所未有的挤兑浪潮，应对大萧条的一个措施就是1933年银行法案为商业银行和储蓄贷款设立了储蓄保险条款。储蓄保险对储户进行再保险，即一旦银行破产，他们将受到保护，这样可以避免银行挤兑的出现。

由于存在储蓄保险，商业银行和储蓄贷款就直接受到联邦政府所规定的最低法定资本额的限制。我们现在所谓的“资本充足性要求”，其目的是防止“道德风险”的发生，因为银行会因为有储蓄保险，而贸然地将储户的钱无所顾忌地贷出或用于投资。资本充足性要求的构想是，因为一旦储户发现任何危险行为，他们就会马上撤资，所以银行发生挤兑的威胁就阻止了银行家们像经营赌场一样经营银行。只要储蓄保险可以有效地消除发生银行挤兑的威胁，银行家们就会因不受限制（无所顾忌）而变得肆无忌惮。因此，强制性的缓冲资本是有必要的，要以防万一。有些经济学家指出，

鉴于有存款保险，当银行未履行其义务时，如果产生损失，该损失既不由银行股东承担，也不由其任何其他的金融债券持有者承担。因此，在银行管理活动中，没有理由将这些损失内部化。这一发现为资本管制奠定了简单而有力的理论基础：考虑到政府监管的干预等具有时滞性，所以银行须持有足够的缓冲资本，以尽量降低政府保险人的预期损失。

存款保险不仅消除了银行管理者对于银行挤兑的担心，而且还降低了储蓄者对银行进行监管的积极性（Dewatripont 等 2010，5）。所以，我们看到的支持经济学家们对于大而不倒理论（和企业补偿金理论）进行先验奉献的理论在过去是成立的，并且现在依然成立，而且也能够说明资本要求存在的合理性。

人们认为，在大萧条以前，不存在储蓄保险，缓冲资本由银行家和储户共同监管，缓冲资本率（总体上）在大萧条发生的前几年中保持在 11% 到 15% 之间。1933 年银行法案颁布之后，新设立了联邦存款保险公司，该公司负责管理存款保险，同时，也为所有保险银行设定了最低资本额，以避免银行有需要进行破产清算来偿还储户资金的鲁莽行为。最初，联邦储蓄保险公司要求被保险银行将资本维持在存款的 10%（联邦储蓄保险公司 1984，115）。除了技术性问题，比如如何定义资本以及计算时是用资本除以储蓄（负债）还是用资本除以由负债和所有者权益所形成的全部资产，还有，一旦建立资本管制制度，监管机构和科研人员所要努力解决的主要问题是，资本管制是设立一个固定的资本水平，比如 10%（例如，纽约州银行家协会 1952；弗里曼 1952；诺顿 1995）还是实施一个形式不太严格的监管（例如，考特 1966；赖恩 1969）。

之所以会产生上述困境是因为任何固定的最低资本额都是另一个数字（例如总资产）的百分比，而这一数字会将“安全”的贷款和投资与可能成为坏账的贷款或者低于预期收益率的投资混在一起，这是不合理的。由于缓冲资本的目的是降低损失，所以，如果缓冲资本正在降低损失，比如，对不可能倒闭的大型公司的贷款，或者相反地，贫困家庭的购房贷款所引起的坏账损失，那么它将改变世界。

对于这个问题最直观的解决方法就是允许联邦银行审查人有自由量裁权——即对主要投资于监管者认为是无风险贷款或债券的银行作

出例外，或者排除“资产分类为无价值或者价值难以预料”的资产数据（联邦存款保险公司 1984，116）。但是，自由量裁权需要排除或确定哪些资产实际上是一文不值的，或者可疑资产价值是否接近可以替代银行本身对于各种资产风险的判断能力。如果认为联邦监管机构对于风险的判断力比银行家本身要好的话（由于假定银行家有道德风险问题），那么就真的没有理由允许私人银行存在了。

私人银行（或任何其他的私人经济活动），其唯一的名义作用就是，至少总体上存在这样一种可能性，即私人组织无论如何都会比政府员工有更好的判断力。就在神秘的银行法规表面之下，隐藏着关于资本主义和现代政府的本质问题，如同我们在第 1 章所提出的问题一样深刻，但是，这些问题我们将放在第 4 章讨论。

国际资本监管：巴塞尔协议 I

大萧条之后的几年中，各个国家对于资本管制这一困境都采取了不同的措施，人们认为这是储蓄保险的需要（尽管加拿大直到 1967 年才开始实行储蓄保险制度）。然而，1974 年，随着一个德国银行的倒闭，十国集团在国际清算银行成立了巴塞尔银行监管委员会，这是一个由各国央行行长组成的国际组织，位于瑞士的巴塞尔。1988 年，巴塞尔银行监管委员会通过了对于银行资本的监管框架，该监管框架后来被称为巴塞尔协议 I 。直到 20 世纪 90 年代前期，巴塞尔协议 I 在包括美国在内的大多数国家依然有效。尽管很多其他国家早在 2005 年就开始执行巴塞尔协议 II （见下文），但是，在金融危机期间，巴塞尔协议 I 对于美国的商业银行、储蓄和贷款机构依然有效（后经过修正）。在写作本书时（2010 年 12 月），巴塞尔银行监管委员会正在制定巴塞尔协议 III，通过 20 国集团的修改后，巴塞尔协议 III 将在近年内实施。

巴塞尔协议Ⅰ的主要作用是使几个国家的工作国际化和标准化，解决单纯的最低资本限额的主要缺陷，比如8%：对所有银行资本进行无差别对待，就像它们具有同等的风险，因此需要相等的缓冲资本。[2] 根据巴塞尔协议Ⅰ，银行的监管资本水平是由银行资本进行“风险加权”后的价值所占的比率决定的，该比率不得小于8%（12.5∶1的杠杆率）。反过来，计算银行资本“加权风险”资产，要先将不同类型的资产分成四个“风险级”，然后用每个风险级的价值乘以一个百分比，即“风险权重”。巴塞尔银行监管委员会认为绝对安全的风险级（黄金、现金和政府债券），其资产的风险权重为0；由像政府资助企业这样的公共部门实体发行的债券，因被认为稍有风险而被评为20%的风险级；纯（无担保）抵押贷款的风险权重为50%；所有其他资产——从公司股票和债券到商业贷款、个人贷款、银行有形资产和房地产的所有项目——都归为100%的风险级，这就要求满足8%的资本充足率，即在100美元的商业贷款中，资本总额要达到8美元。相比之下，在纯抵押贷款中，100美元的贷款中只需要4美元的核心资本（100美元×8%×0.50），100美元的政府资助企业债只需要有1.6美元的资本（100美元×8%×0.20）。零风险级的资产没有核心资本的要求。

这些分类有着清晰的逻辑——0和20%的级别，其根据主权债务和半主权债务相对无风险的属性（巴塞尔银行监管委员会1988，第38段），至少在那个时期是这样的。至于50%的风险级，“在大多数国家，完全住宅抵押贷款的损失记录较少“（同上，第41段）。[3] 但明显这些数字——0、20%、50%、100%——逐渐将不同风险打包，包括一般性风险和个别风险。

一般来讲，如英国、希腊、葡萄牙、爱尔兰、西班牙和美国政府债券，同样被看做是无风险的。换言之，尽管将三个大类——主权债务、政府支持企业债和抵押债务——的风险区分开了，但是这些类别里仍然包含很多不同风险级别的子类，尤其是在100%的风险级里。特别是，在不同资产多种多样的风险中很难分辨出风险级别，例如，相比业务萎缩、管理不值得信任的公司，银行会将贷款贷给业务不断增长的公司，银行认为这样的公司有稳定的市场。然而，在任何监管体系没有完全取代个别银行检查员为个别银行家的逐笔贷款、逐项投资作出判断的时候，这些对比都是不可避免的。

巴塞尔委员会显然是想根据过去的经验，作出正确的风险归类。然而，这些归类必然会遭到质疑——尤其是在回顾过去时——将风险种类区分开的努力，可以看做是远离单位资本最小值所固有的甚至更加异常的步骤。可以肯定的是，不同的风险权重，以及8%这一起始点本身，并非是以“科学的”资产违约概率计算的，因为这是无法实现的。违约“率”把多种异质的贷款和投资结合到了一起，这些贷款和投资原来的违约率不会再次产生。然而，缺乏严谨，并不是批判巴塞尔监管者的原因：他们已竭尽所能，因为主要压力在于如何选择，在不对风险进行分类与将风险进行细分类之间，只有成功的银行家可以作出正确选择。

与所有的人类判断一样，银行家对于风险的判断，也是主观和武断的。巴塞尔银行监管委员会用自己的判断代替银行家的判断，其判断也难以避免主观和武断。然而，即使在不区分资产类型情况下的固定最小资本额，也会取代银行家对于银行资产组合总体风险所作出的判断。而且，由于银行的资产并不是同质的，一旦哪家银行试图为不同性质的风险支付补贴，那么从理论上就不会再有终止点。如果给定前提：只要存款保险有效，银行家对风险的判断就是不可信的，那么巴塞尔协议Ⅰ就是资本管制发展进程中的必经之路，同样地，也会成为资产类型进一步细分的步骤之一，或者，实际上，只适用于个别资产。而且，这个步骤符合资本充足性管制的初衷：存款保险会让银行家陷入道德风险，由于存在道德风险，所以银行家并不可信。平衡杠杆限额/缓冲资本，银行家可以利用杠杆获得他们可以找到的最具风险的资产，同时获得潜在的最高回报。与巴塞尔协议 I 相同，资本充足性机制，是根据风险权重来调节资本需求，这对通过收取更高的资本费用来调节资本需求的银行家比较不利。

银行杠杆的成本与收益

然而，由于建立了不同的风险等级，银行家为了降低其所需稀缺资本的数量，可能会进行经济学家所谓的“监管套利”。例如，一个银行（原则上）可以发放风险权重为 50% 的贷款 100 000 美元，那么它就需要 4 000 美元(100 000 ×0. 08 ×0. 5）的资本金；或者银行为了保险起见，可以将抵押贷款卖给房利美或房地美，然后再将其作为风险权重为 20% 的公司债购回，这样就减少了 1 600 美元（100 000 × 0. 08 ×0. 2）的必需资本。因为 1 600 美元是4 000美元的 40%，所以这一交易就会释放 60% 的用于抵押贷款的资本。以这些释放的资本为基础，银行可以发放比之前多 60% 的贷款或投资，因此（在其他条件不变的情况下）可以多产生 60% 的收入和利润。

监管套利通过提高银行的杠杆作用来达到这样的结果。若要理解为什么从银行家的角度看，这样是可取的，那么，想象一个资本良好的美国商业银行，[4] 其遵循美国金融监管机构对最小资本比例 10% 的规定，而不是巴塞尔协议 I 中 8% 的标准。大多数美国银行都是“资本雄厚”的，而且由于 10% 计算起来比较简便，因此下列思维实验就假设为一个资本雄厚的银行。

假设，1992 年，这个银行拥有 100 美元的监管资本，当时巴塞尔协议 I 在美国已经生效。银行管理者可能会用这 100 美元，发放 1 000 美元的商业贷款——这样做，他们可以获得 900 美元的支票和存款以及销售债券收入(1 000 美元的商业贷款，乘以最小资本比例 10%，再乘以商业贷款的风险权重 1，需要 100 美元的资本)。这家银行，将资本全部投资于商业贷款，并在法律允许的范围内运用最大杠杆，因此，拥有资产 1 000 美元，负债 900 美元，杠杆比率为 10:1。为了方便起见，我们假设银行具有相同的收益率——我们规定是 5%——在所有的贷款和投资的选择中（它可以买到的各种资产），我们再假设，银行为其储户和债券持有者支付单一利率 2%，因此可以产生 3% 的价差。在这种情况下，在 1 000 美元的商业贷款中，银行会获得 50 美元收益（0.05 ×1 000），减去利息 18 美元（0.02 ×900），余下 32 美元利润。

然而，因为在巴塞尔协议 I 中，抵押贷款的风险权重是 50%，如果银行将 100 美元的资本全部用于抵押贷款，那么其资产负债表将翻倍，即达到 2 000 美元。这需要将负债提高到 1 900 美元，杠杆率提高到 20:1。如果资产是 2 000 美元，在利率 5% 的情况下，银行的收益会翻倍——100 美元，而不是 50 美元——但前提是没有抵押贷款违约。在储蓄者和债券持有者借给银行的 1 900 美元中，银行需要向他们支付 2% 的利息，即 38 美元，因此，还剩下 62 美元的利润。

第三种选择是用 100 美元的资本，从房利美或房地美购买 5 000 美元的机构抵押贷款证券，风险权重为 20%：5 000 美元 ×0.2 ×0.1 = 100 美元。同样是 100 美元资本，现在的杠杆率为 50:1，如果抵押贷款证券的票面利率是 5%，那么将会产生 250 美元的收益，减去 98 美元银行负债的利息支出，利润为 152 美元。[5]

通过这个实验可以发现，巴塞尔规则，正如监管者所计划的那样，鼓励银行家从事某些特定类型的贷款，而不是其他贷款。规则鼓励按揭贷款，因为相比住房贷款、商业贷款和消费贷款，按揭贷款可以获得两倍的资本；规则鼓励住房抵押贷款证券化，因为相较购买机构债券、商业贷款和消费贷款，住房抵押贷款证券可以获得 5 倍的资本。对于按揭贷款和政府支持企业债券的“鼓励”，也可以看做是对其他类型贷款的惩罚。一个做商业和消费贷款的银行，就像第一个方案一样，相对第三种方案将所有资本用于购买抵押贷款证券，会损失 122 美元的利润。因为存在这种损失，第一种方案中的银行收益只是第三种方案中银行收益的 21%。

接下来，第二点是，利用杠杆作用可以获得极大的利润。当然，在通过杠杆作用有望获得巨大收益的同时，银行也要承担遭受巨大损失的风险。银行的债权人借给银行的每一分钱最终都要收回，商业贷款、按揭贷款或者抵押贷款担保债权的主要资金来源就是这些债权人的借款，所以，一旦出现坏账，银行就可能破产——这取决于坏账率。如果在第一种方案中，即商业贷款，发生 10% 的坏账，或者在第二种方案中，即按揭贷款，发生 5% 的坏账，或者第三种方案，即机构债券，发生 2% 的坏账，都会导致银行濒临破产。相比增加杠杆率，银行如果降低缓冲资本，那么在第二种方案中，其对风险判断的失误会比第一种方案降低一半，而第三种方案会比第一种方案低五分之一。所以，提高杠杆率并不总是首选。如果一个银行预测到它可能获得的具有高杠杆比率的资产风险过大，它就可能放弃这个可以获得高回报的机会，因为该机会的前提是各项条件都达到理想状态。而且，如果一个银行开始担忧它所获得的资产比预期的风险更大，它就会选择去杠杆化，宁愿在低风险的投资组合下享受较低的收益水平，从而降低破产的可能性。

当然，道德风险理论适用于存款保险这一假设是错误的，而且，在现实世界中，银行家通常不会刻意招致破产，因为他们并不担心银行挤兑。我们在讨论金融危机的道德风险理论时指出——企业赔偿金和“大而不能倒”假说——在危机之初，银行的杠杆作用甚至都没有接近法律允许的最大值。2007 年中，美国商业银行监管资本（风险权重）水平是 12.85%（Jablecki 和 Machaj 2011，图 8.3），比资本雄厚的银行所要求的10%的标准高了近30%，比“资本充足”的银行所要求的8%的标准高了60%。在 1933 年建立存款保险以前，这些标准是可以与美国银行的标准相比的。所以我们看到，相比接受关于企业补偿金和“大而不能倒”的假设，我们更有理由接受关于存款保险的道德风险的假设。

然而，由于银行家无法预知未来，人们会认为对于银行来说，最好的方针是根本不产生任何负债：保持 100% 的缓冲资本（零杠杆率），银行就不会有任何失误。

这样虽然可以达到审慎的目标，但是却以终止银行业为代价，这在任何先进的经济体中都是不可避免的。即使是非资本主义的经济体，也需要银行充当“媒介”，连接挣到钱（或生产商品）但目前并不需要的人——银行的债权人——以及目前需要钱但还没有挣到的人：一个家庭购买房子或者企业寻求扩张。例如，抵押担保债券，就是成百上千个对上述家庭的贷款构成的池子，可以使他们通过借入其未来的收入而住进新房子。因为未来是不确定的，借款者和银行对于清偿贷款的预期可能会过于乐观。出于这个原因，一定规模的缓冲资本还是必要的。但是，100% 的缓冲资本会切断潜在按揭贷款和商业贷款最大的资金来源：以存款和购买债券的方式借给银行的活期储蓄。一切行为都是有风险的——通常意义上——由于我们的无知，低于100% 的缓冲资本是试图使风险和收益达到平衡的一种方式。但是，巴塞尔委员会承认，当它将杠杆率与预测少数资产类别的风险紧密结合到一起时，缓冲资本是艺术，而不是科学，因为精准的预测是不可能的，所以关键就在于哪一个是理性人所同意的。所以，一些银行家会根据他们对于整体经济状况和组合中特定资产的信心，寻求一个较低的缓冲资本（更大的杠杆作用）；更多消极的银行家会寻求更高的缓冲资本。然而，由于监管机构认为需要对银行实施最大杠杆率（以最小资本额的形式），所以监管机构就需要预先决定商业贷款、抵押贷款、抵押贷款证券和主权债务的风险——而并不了解这些类别中有些特定的银行贷款和投资的风险（不确定性）有多高。完成这项工作的机制是，对于在风险级别中，被监管者评为风险最高的资本比风险最低的资本征收更多的“资本费用”。因此，在一定范围内，银行家在特定的时间、特定地点因对经济形式足够乐观而希望提高杠杆率，巴塞尔协议确保了这样做最有效的方法是，相比抵押贷款、机构抵押贷款证券和主权债务，减少商业贷款和个人贷款。正是因为这些理由，巴塞尔协议遭到批评。“特别是，人们指控巴塞尔协议Ⅰ推动了信贷收缩，将其扩大到个人和公司”（Rochet 2010，80），导致对企业和个人的“信贷紧缩”。

追索权规则与金融危机

银行向企业和个人的贷款，风险权重全部为100%，对于其负面影响，巴塞尔银行监管委员会的回应是，“决定全面修改协议，这一过程在2004年以第二版巴塞尔协议——巴塞尔协议Ⅱ告终”（Rochet 2010，80），该协议的最终版本于2005年修订完成。2004年7月，该协议修改完成，在此前很多年，很显然，巴塞尔银行监管委员会[6]一直坚定地运用“外部评级机构”（例如穆迪、标普和惠誉）来完善资本充足率标准对风险的敏感性。

例如，在“新资本充足框架”中，巴塞尔银行监管委员会于1999年提出使用信用评级将资产进行风险分级，这是在制定巴塞尔协议Ⅱ的过程中发布的第一个征求意见文件。巴塞尔银行监管委员会还提议，为了容纳级别很低的资产而增加风险级别的数量，比如，现在的政府债券，根据其评级为AAA还是AA（以及它们的子类，例如AA+和AA-）、A（及其子类）、BBB（及其子类）、BB还是B（及其子类），或者低于B-（巴塞尔银行监管委员会1999，表1），其风险权重分别为0、20%、50%、100%或者150%，而不是将所有的主权债务的风险级别全部归为0级。风险级别取决于评级这一提议将最终包含在巴塞尔协议Ⅱ中。

由于金融危机的发生，巴塞尔协议Ⅱ从未在美国生效。但是，在2001年房地产泡沫、次贷泡沫和私人抵押贷款债券发行开始增加的特殊时期，巴塞尔协议Ⅱ形成的过程对美国产生了重要影响。

图2.1显示了私人抵押支持债券发行的年增长率。我们认为，井喷式增长发生在2001年，接下来几年的增长，部分原因是由于所谓的追索权规则，[7] 该规则于1994年首次提出，[8] 在1997年和2000年分别进

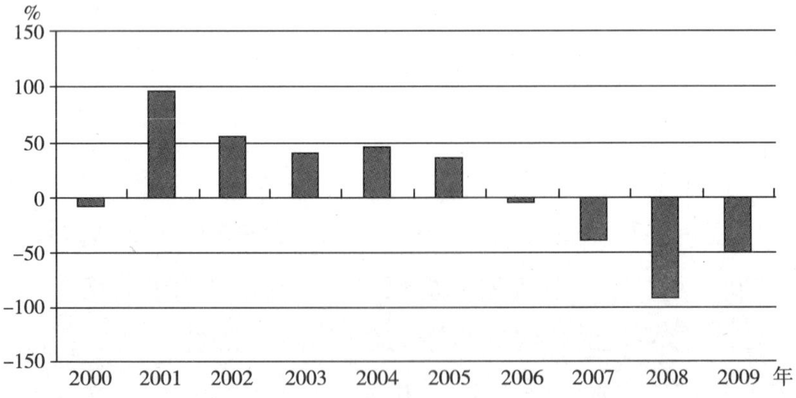

资料来源：国际货币基金组织全球金融稳定性报告，2009年10月。

图2.1　私人抵押支持证券（PLMBS）的增长（年度变化）

行了修订，[9]并于2001年9月29日定稿，主要对由美国银行发行和销售的证券化资产的资本要求进行监管。新巴塞尔协议，由美国联邦存款保险公司、美联储、储蓄监督办公室和货币监理署办公室共同颁布，适用于发展中的巴塞尔协议Ⅱ中，对于向美国商业银行和“储蓄机构”非公开发行的资产证券或者存贷款，利用评级基准计算法计算其风险等级。

追索权规则中的“追索”是指，过分简化在资产证券化的过程中，银行向投资者提供信用增级时所产生的信贷风险。[10]追索权规则试图鼓励资产证券化，监管机构写道，“新资本协议为银行机构买卖贷款资产或信贷敞口提供了高效的机制，因而可以提高机构的流动性。”[11]但是，同时它也试图防止风险的产生。对提供信用增级的银行机构来说，最大的风险就是超额抵押，即保留权益，在发生按揭付款拖欠或者抵押贷款违约时，首先承担损失。根据巴塞尔协议Ⅰ，保留权益所拥有的资产，与其他资产抵押债券一样，全部归入100%的风险级别，因此需要有8%的缓冲资本（美国资本雄厚的银行是10%）。与巴塞尔协议Ⅱ一样，追索权规则也将缓冲资本比例提高到了一美元对一美元的资本要求——100美元的资本需要有100美元的保留权益，而不是8美元（或10美元）。这相当于，资本雄厚的银行，其风险权重为1 000%，而资本充足的银行，风险权重为1 250%。

另一方面，在瀑布式的结构中，如果保留权益的比例提高，那么需要的资本就会减少，因为保留权益的风险更小。具体的资本要求是根据外部（评级机构）对不同保留权益发行的债券所做的评级而产生的。协议规定，如果债券评级为B级以下，那么资产支持债券，包括私人按揭证券，其风险级为200%；若评级为BB或者BBB，则风险级别为100%；若评级为A，则与抵押贷款一起归入50%的风险级；若评级为AA或者AAA，则连同机构债券一起归入20%的风险级。巴塞尔银行监管委员会在文件中提议，对于评级为B的保留权益，削减资本到一美元对一美元，而不是风险权重为200%，除此之外，这些风险权重都是在1999年巴塞尔协议Ⅱ的征求意见稿中提出的。

追索权规则的实际效果是，对于证券化资产中风险最大的保留权益和B级份额，显著提高了其资本要求，而对于高评级的部分，则将资本要求降低了80%。同理，对于未投资于高评级资产支持债券的银行，追索权规则将让其遭受损失，因为与AA或AAA级资产支持债券相比，企业或商业贷款对资本的要求多400%，完全抵押贷款多150%。我们认为，这可能是证券化抵押贷款风险过分集中在商业银行的主要原因。[12]

在第3章中，我们提到追索权规则自1994年开始发展，经过几次公开修改，“最终规则”在2001年形成。投资银行有大量时间为该规则的生效做好准备。图2.1表明，投资银行准备在2001年通过发行私人抵押支持证券来利用该规则，如我们所知AAA级债券比较广泛，因此我们可以看出，私人抵押支持证券满足了追索权规则中美国商业银行和存贷款机构减免80%的资本的前提条件。图2.2证实了对图2.1的解释，因为不只是私人抵押支持证券，所有评级为AA或AAA的资

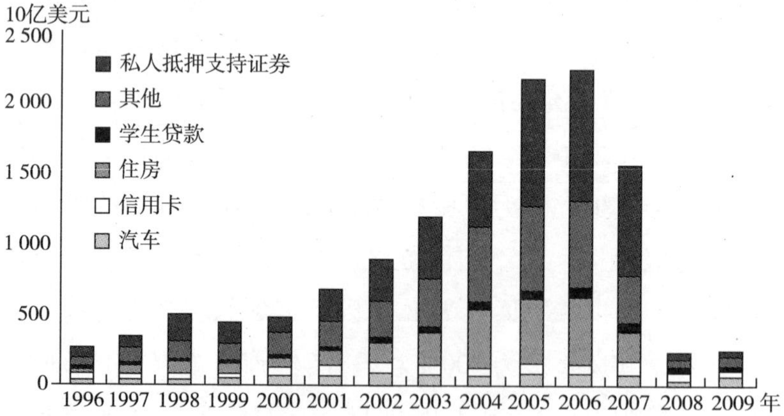

资料来源：Acharya和Richardson 2009b，图1，转载经作者许可。

图2.2 资产支持债券发行数量的增长

产支持债券在新资本协议中的风险权重均为20%[13]（注意，此图表现的是资产支持债券的总价值，而不是发行比例的变化，所以，在图2.1中，2001年显著的变化，在后来的几年中，与更大的证券总金额相比，变化并不明显）。

图2.3显示了类似的模式。它表明了资产支持商业票据（ABCP）的发行量随着时间的变化而产生的变化。附录Ⅱ解释了如何将资产支持票据作为资金来设立私人支持债券，其细节比较复杂，在此不做赘述。然而，从图中我们可以看出，私人抵押支持证券和资产支持债券的发行量在2001年同时飙升，继而开始长期增长，美国资产支持商业票据的发行量也是如此。

最有意思的一点是，该图显示，在2005年，即提出巴塞尔协议Ⅱ

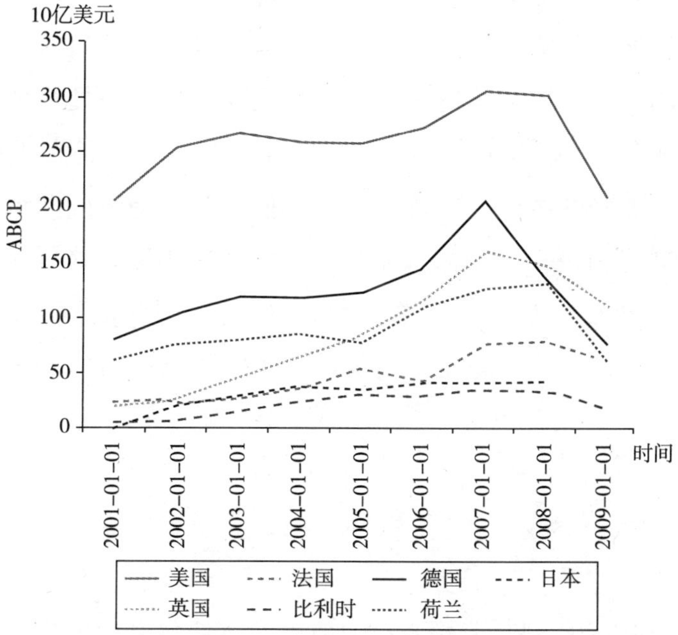

资料来源：Acharya和Schnabl 2010，转载经作者许可。

图2.3 资产支持商业票据（国家发行）数量的变化

的终稿时，资产支持商业票据的发行出现了第二次飙升，这种现象主要发生在欧洲发行者间，但也不完全是。虽然巴塞尔协议Ⅱ从未在美国实施，但是在2005年到2008年间，很多其他国家都实施了该协议。然而，在谈论巴塞尔协议Ⅱ之前，有很重要的一点需要注意，在巴塞尔协议Ⅱ在美国以外的国家实施以前，以及在其导致美国发生金融危机的那些年里，巴塞尔协议Ⅰ中，对无担保抵押贷款的风险权重为50%的规定一直有效。这本身就可以解释为什么按揭贷款利率降低。它还可以解释，为什么在银行所有的资产支持债券中，抵押贷款支持债券比学生贷款、汽车贷款及其他证券化贷款资产支持证券更受欢迎。银行首次延长学生贷款和汽车贷款时，贷款的风险权重可能是100%（即在被卖给资产负债表外资产池之前，该资产池由资产支持债券提供资金，见附录Ⅱ）。但是，根据学生贷款、汽车贷款和所有其他贷款所适用的资本费用，抵押贷款只能收到资产负债表资本费用的一半。当然，抵押贷款是大多数人的主要支出，而且每个人对学生贷款和汽车贷款都有相对固定的需求，但很难发现有人不乐意住更大、更新、更好的房子。尽管如此，我们认为，毫无疑问地，由巴塞尔协议Ⅰ规定的50%的风险权重适用于大多数国家，这可能有助于解释在许多国家发生的房地产繁荣和各种资产支持债券的抵押贷款热潮。巴塞尔协议Ⅱ使问题变得更加严重：它将抵押贷款的风险权重由50%减到35%。

巴塞尔协议Ⅱ

1999年巴塞尔银行监管委员会对巴塞尔协议Ⅱ中如何处理资产支持债券的问题给出的建议是以评级为依据，追索权规则基本采取了这一建议，同样，在巴塞尔协议Ⅱ中，也将为最大型银行提供“标准化”和“内部评级”（IRP）的选择。两种选择的资本费用都以“外部评级”为依据，而且，与追索权规则相同，除了B级债以外，标准化的方法为不同的评级赋予了相同的风险权重。

表2.1给出了（部分）巴塞尔协议Ⅱ与追索权规则和巴塞尔协议Ⅰ的详细比较（需要注意的是，追索权规则将AA级和AAA级的资产支持债券同样归入20%的风险级，而巴塞尔协议Ⅰ将机构债券归入此风险级，尽管从这个意义上来说，追索权规则对巴塞尔协议Ⅰ进行了“修正”，但是追索权规则与美国其他与巴塞尔协议Ⅰ的相关监管法律并不冲突；表中第2列前两行的数据就是根据那个法律简单结转过来的）。

图2.1、图2.2和图2.3表明，追索权规则鼓励美国银行增持AA级或AAA级私人抵押支持证券，预计2001年底实施。图2.2和图2.3表明，除了2005年以外，巴塞尔协议Ⅱ在其他年份所产生的影响相似。但是，从图形上看到，私人按揭债券、资产支持债券和资产支持商业票据发行量的增加，都是在追索权规则和巴塞尔协议Ⅱ生效日期之前，因此只具有提示性，而不具有决定性。

例如，如果利率在2001年骤降，也可能引起按揭证券发行量突然增加。而且，尽管第二版巴塞尔协议在2004年就达成了一致，但是直到2005年12月才颁布巴塞尔协议Ⅱ的最终版本，而且各国官方直到（不同的）2006年、2007年和2008年才实施，因为它们都有权利修改该协议（美国定于2008年实施，但是受到了金融危机的阻碍）。这可能导致巴塞尔协议Ⅱ没有足够的时间，对非美国银行在危机之前做的决定产生较大影响。

另一方面，阿德里安·布伦德尔—维格纳尔（Adrian Blandell－Wignall）和保罗·阿特金森（Paul Atkinson）（2008）指出，在包括德国和英国在内的一些国家，国家金融监管机构在该国公布的生效日期之前，补充了巴塞尔协议Ⅱ的资本条款；在另外一些国家，为了避免因巴塞尔协议Ⅱ而产生的损失，当银行了解到监管者有意要将协议的终稿进行立法时，它们可能就开始改变其资产组合的结构了。[14]所以，早在2004年，有些国家就感受到了巴塞尔协议Ⅱ的影响。

表2.1　　三个不同巴塞尔机制下的风险权重（百分比）

	巴塞尔协议Ⅰ	追索权规则**	巴塞尔协议Ⅱ（定稿）
商业贷款、公司股票、债券、私人抵押支持债券及其他	100	100	根据外部评级定
全部（个人）住宅按揭贷款	50	50	35
机构债券	20	20	20
AA/AAA－级资产支持债券	100	20	20
A级资产支持债券	100	50	50
BBB/BB－级资产支持债券	100	100	100
低级别资产支持债券	100	200	一美元对一美元资本性支出
股票资产支持债券	100	一美元对一美元资本性支出	一美元对一美元资本性支出
AA/AAA－级股权债务（政府债券）	0*	0	0
A级主权债务	0*	0	20
BBB级主权债务	0*	0	50
BB/B级主权债务	0*	0	100
低级别主权债务	0*	0	150

注：*巴塞尔协议Ⅰ项下，经合组织政府的主权债务风险权重为0，其他政府主权债务风险权重为100%。

**只适用于美国。追索权规则更改了私人抵押支持债券的风险权重；追索权规则中的其他风险权重延续了巴塞尔协议Ⅰ中的规定，于1991年在美国实施过。

资料来源：巴塞尔银行监管委员会1988年和2006年统计数据；联邦纪事59614（2001年11月29日）。

我们将采用阿德里安·布伦德尔—维格纳尔和保罗·阿特金森的观点，即认为巴塞尔协议Ⅱ的施行及预期为在美国以外发生的金融危机奠定了基础，但是，运用追索权规则对美国产生的显著影响，作为一个巴塞尔协议Ⅱ在其他国家产生影响的模板，因为追索权规则对资产抵押债券风险权重的划分与巴塞尔协议Ⅱ基本相同。

资本管制是发生金融危机的主要原因

由于目前掌握的数据有限，这些数据并不能解释非美银行和表外交易资产，因此，我们只能分析资本管制对于美国银行抵押债券披露的影响。然而，如果我们想要研究在2001年到2005年间，债券资产和资产支持商业票据发行量的波峰，我们需要从表1.1上的所有数据中推断出追索权规则可能产生的净效应。

证明这个效应的一个间接方法是，从所有汇总数据中推断出美国商业银行的整体优先次序。我们已经发现，总体看，美国商业银行选择“最安全的”、收益率最低的抵押支持债券——机构债券，其概率是选择收益率较高的AAA级私人抵押支持债券的两倍，是收益率更高的AAA级担保债券凭证（表1.3）的十倍。这似乎证明，与一些经济学家推崇的危机理论相反，总体上，美国银行家并不会为了收益而承担更大的风险。然而，在哪里降低资金风险才符合银行家的首选？

追索权规则实际上建立了一个实验条件，可以验证，银行会优先选择降低资金风险来增加安全性而放弃收益性，还是选择降低资金风险来增加收益而放弃安全性。追索权规则这种做法，是通过对低收益的AAA级债券配给20%的风险权重，对高收益的AA级债券配给80%的风险权重。回想我们在第1章提到的，在2007年第一季度发行的债券中，以AAA级私人抵押支持债券兑换的债券，利率通常比国债多9

个基点（0.09%），而 AA 级债比国债多 15 个基点，将近其 2 倍（Ashcraft 和 Scheurmann 2008，表 16）。同样，2006 年 7 月，AAA 级担保债务凭证债券利率比国债多 10 ~ 15 个基点，而 AA 级担保债务凭证债券利率近乎其 3 倍，比国债高 30 ~ 40 个基点（McDonald 2009，110n）。倾向于首选资本流动性，其次选收益，最后选择安全性的银行家，会尽可能地购买 AA 级债券，而不是 AAA 级。不在乎风险及不理会风险流动性便利的银行家，会购买 BBB - 或者 BB - 级私人抵押支持债券，这在追索权规则项下不能获得任何流动性便利，但在 2007 年初可以收到 224 个点的收益；或者，更好的，BBB - 或 BB - 级担保债务凭证债券，可能产生更高的利差。然而，所有美国银行拥有的私人抵押支持债券和担保债务证券似乎都被评为 AAA 级（表 1.1）。

因此，我们可以排除这种可能性，银行会在流动性、安全性和收益性之中首选收益。银行对于 AAA 级债券的偏好表明，美国银行家的整体偏好是，首选安全性或流动性，最后是收益。反过来，银行对无担保机构债券的偏好表明，优先次序是，安全性第一，其次是资本救济，最后是收益。[15] 2007 年第一季度，机构债券的利差是 0.4%，比 AAA 级私人抵押支持债券少一半，即使私人抵押支持债券与机构债券所释放的资本量相同。

我们在第 1 章指出，对安全性的偏好大于收益，打破了危机产生原因的主流理论：企业薪酬理论、大而不倒理论和非理性繁荣理论。但是如我们要支持另外一种理论：追索权规则在美国是“罪魁祸首”，我们就需要了解规则对向评级高的私人抵押支持债券和担保债务凭证投资进行鼓励，这一措施对商业银行的行为是否有影响。

也许，了解的最佳方法是询问银行家（严格保密）——特别是那些在大型商业银行做资本配置决定的银行家。我们打算在以后的工作中这么做，并公布结果。然而，在此期间，我们可以比较商业银行和其他投资者对于抵押债券，特别是私人抵押支持债券和担保债券凭证所投资资产的比例。这应该通过推断资本充足性管制是否导致银行极易受低迷的房地产市场影响而得出，因为追索权规则只适用于商业银行，而不适用于其他投资者。

表2.2中，对比美国商业银行和其他投资者的投资组合比例，投资组合包括机构抵押支持债券、AAA级私人抵押支持债券和AAA级担保债务凭证债券，但是其他投资者的投资组合不包括政府支持企业、投资银行和单一金融机构，因为后两者是抵押债券产生过程的一部分，而政府支持企业为了有助于完成住房和城市发展部提出的可负担住房的目标会收购私人抵押支持债券（见第1章）。结果表明，巴塞尔协议Ⅰ（机构债券）和追索权规则（AAA级私人抵押支持债券和担保债券凭证）对银行的资产结构都有显著影响。

表2.2　美国商业银行对资本流动性的调查　单位：%

	机构债券占总资产的比例	AAA级私人抵押支持债券占总资产的比例	AAA级担保债务凭证占总资产的比例	全部风险权重为20%的抵押支持债券占总资产的比例
商业银行和储蓄银行	7.7	3.5	0.8	12
美国非银行投资者（不包括政府支持企业、单一金融机构和投资银行）	4.7	1.0	0.3	6

资料来源：银行集团：雷曼兄弟2008。银行资产和总资产：国际货币基金组织2009a。政府支持企业、单一金融机构和投资银行资产：美国人口调查局，资金流量表——由持有机构提供的金融机构和非金融机构的金融资产。

对于抵押债券的持有比重，美国商业银行与其他投资者（4列）的比率为2:1，该比率是一个独立变量——巴塞尔协议Ⅰ（机构债券）和追索权规则（AAA级私人抵押支持证券和担保债务证券）中资本充足性管制对银行资产负债表产生的影响。相比其他投资者的资产组合，在商业银行的资产组合中，该独立变量过度集中在私人抵押支持证券和担保债务证券，因为正是这些抵押债券导致了商业银行在2007年到2008年的房地产泡沫的破裂中受到重创，而并不是机构债券。私人抵押支持证券和担保债务证券的过度集中在商业银行从表2.3可以看出。

表2.3　　私人抵押支持证券过度集中于商业银行　　单位：%

	AAA级私人抵押支持证券占总资产的比例	AAA级担保债务凭证占总资产的比例	夹层证券占总资产的比例	全部私人抵押支持证券占总资产的比例
商业银行和储蓄银行	3.5	0.8	0	4.3
美国非银行投资者（不包括政府支持企业、单一金融机构和投资银行）	1.0	0.2	0.2	1.4

资料来源：银行集团：雷曼兄弟2008。银行资产和总资产：国际货币基金组织2009a。政府支持企业、单一金融机构和投资银行资产：美国人口调查局，资金流量表——由持有机构提供的金融机构和非金融机构的金融资产。

我们看到，在对私人抵押支持证券/担保债务证券的投资中，美国商业银行与不受巴塞尔协议Ⅰ监管的投资者的比例为3∶1，表明对于这个反事实，我们需要考虑是否要重申在第1章提出的问题：资本主义是危机产生的原因吗？要回答这个问题，我们需要判断，如果没有资本充足性管制，尽管还存在第1章所讨论的虽已解除管制规定，但依然严格管理美国实践的管制形式（还有，巴塞尔协议Ⅰ和巴塞尔协议Ⅱ及其他），危机是否会发生。通常，如果没有资本充足性管制（即本文中的巴塞尔协议Ⅰ），美国商业银行就可以自由选择资产进行投资，无论是抵押贷款、商业贷款、公司债券、资产支持债券，还是公司股票。如果不存在追索权规则，美国商业银行就没有特别的理由而比其他投资者更喜欢私人抵押支持证券。因此，对我们来讲，似乎

表2.3充分证实了以下观点：如果追索权规则没有给予私人抵押支持证券在评级上的优厚待遇，那么，美国商业银行购买私人抵押支持证券的数量，可能只是目前披露数量即实际购买数量的三分之一。所以，危机的原因不应该归咎于资本主义——即由资本主义的投资者犯的错误，包括银行家——应该归咎于资本管制——即由资本主义的管制者犯的错误。

可以肯定的是，资本充足性管制并不是单独运行的。需要有低利率引发某种资产泡沫。也需要其他因素，比如，若要促进廉价信贷流向住房，则可能需要政府支持企业推销住房。我们在第1章指出，回头看整个事件，有许多我们考虑到的法规是可以防止金融危机发生的。

最后，银行家们既没有被强制利用高评级的资产支持证券低风险权重的优势，也没有相比其他高评级的资产支持债券而更倾向于选择抵押债券。他们如果知道自己正在买入抵押泡沫，可能就会接受因为追索权规则存在而产生的损失，选择投资于商业贷款或公司债券而不是高评级的资产支持债券：这些损失比金融危机产生的损失小。但是我们在第1章看到，证据表明他们并不知道这些。由于没有预见抵押泡沫所产生的后果由银行家和监管者共同承担。但是，似乎追索权规则所产生的意想不到的影响是推动商业银行买入过多的高评级抵押债券，导致当泡沫破裂时产生金融危机。

然而，表2.3也留给我们一个疑问。因为追索权规则引导美国银行选择高评级的私人抵押支持证券和担保债务证券，将商业银行对这些证券的风险扩大三倍的净效果是只将其资产的4.3%集中于后来证实为危险的工具。这4.3%如何引起如此巨大的银行危机呢？对于这个问题我们将在第3章探寻其答案。

银行为何不提高杠杆率?

我们可以通过考虑一个反对它的观点来得出我们的结论。

与我们知道的每一位观察员一样，我们已经假设只有因为银行想要提高其杠杆比率时，资本充足性管制才会为低风险权重的资产提供有利条件。低风险权重资产为这些银行提供了资本流动性，意味着它们可以使银行在基础薄弱的情况下投资于这些资产，进而可以比投资于高风险权重的资产借入更多的资金。出于同种原因，高风险权重资产只会让想提高杠杆比率的银行蒙受损失，因为这些资产需要更多的资本投资。但我们在第 1 章提到，总体来讲，在金融危机前期，银行并没有提高其杠杆比率，如图 2.4 所示，展示了美国商业银行杠杆率

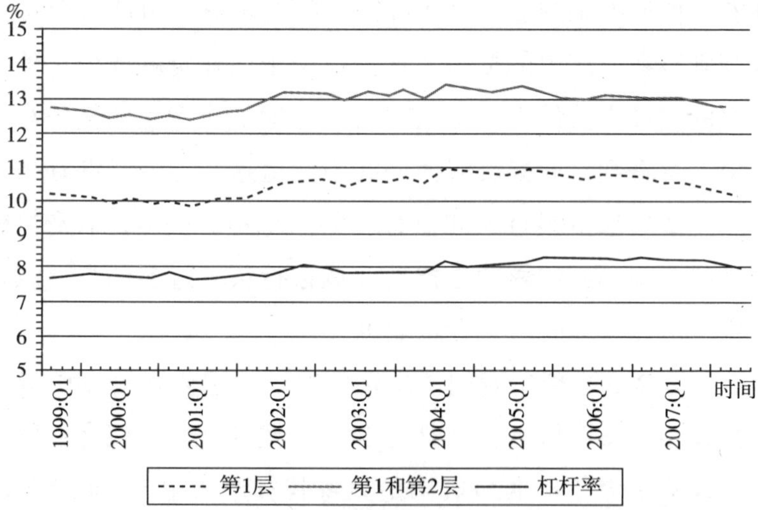

注：最上端曲线表示美国商业银行的监管资本除以风险加权资产。中间曲线表示第一层资本（所有者权益和留存收益）除以风险加权资产。底端曲线表示第一层资本除以未进行风险加权的资产。这些曲线中的资本水平越高，银行的杠杆率越低；上升的杠杆率导致向下倾斜的曲线。

图 2.4　银行杠杆率在危机前保持稳定

的三个测度方式。除了银行资本小幅增加以外，这些曲线没有表现出任何整体趋势，即第一条、第二条曲线上，银行杠杆比率小幅降低。固然，即使杠杆比率增加，图中前两条曲线可能也不会表现出来，因为新资产可能会因其低风险权重而被隐藏起来，这些因素都包含在这两条曲线上。然而，如果银行资产与银行资本成比例上升——即如果杠杆比率增加——最下端的曲线应该向下倾斜，因为这条曲线比较了银行资本与总的银行资产，没有从低风险权重级别中选择资产，因此没有降低这些资产的数量。当然，底端的曲线没有向下倾斜，表明整体来看，美国商业银行并没有提高杠杆比率的趋势。

那么，为什么银行都向最高评级的私人抵押支持证券投资呢？

图中上方两条曲线表明，在 2001 年，追索权规则生效的前一年，这种现象的确开始出现了。银行资本除以加权风险资产数值显著增长——也就是，从监管资本的角度看，（总体上）美国银行正在去杠杆化：风险权重资产与银行资本的比重下降。而最下端的曲线表明，同一年内，未按风险权重进行加权的资产的资本水平大致与资本同比例变化：资本水平小幅上升，但是幅度并不像上面两条曲线那么明显。这证实了我们的猜想，银行正将其投资组合转向低风险权重的资产，对其投资组合比较可靠的猜想是风险权重为 50% 的抵押贷款和风险权重均为 20% 的机构债券或 AAA 级私人抵押支持证券。但是，假设资本套利的目标是通过用同等数量的资本买入更多低风险权重的资产来提高实际杠杆比率（未加权风险）——就是说，两倍的抵押贷款或者五倍的抵押债券。底端的曲线表明这并没有发生。银行向低风险权重资产转移，但是与其资本水平相比，它并没有提高这些未进行风险加权的资产的货币价值。

图 2. 5 证实了正在发生的事实，至少世界十大银行，都开始转向风险权重较低的资产。因此，尽管这些银行的实际资产在 2001 年到

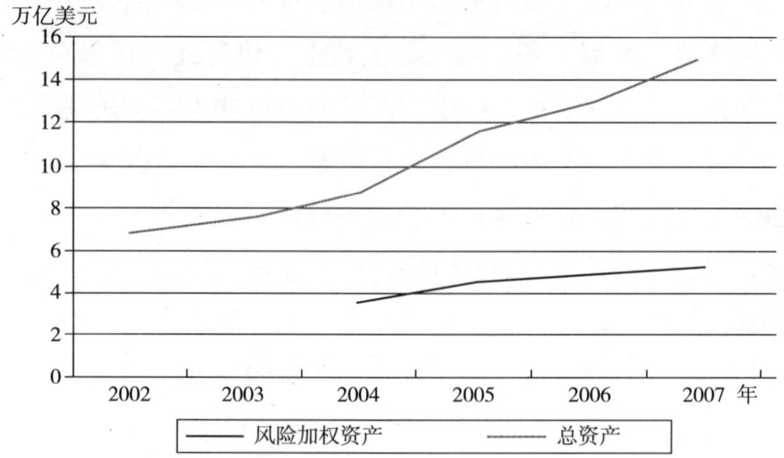

资料来源：Acharya 和 Richardson 2011。

图 2.5　最大型银行转向风险权重低的资产

2007 年间翻了一番，但是它们的资产乘以其风险权重几乎没有增加。唯一合理的解释就是这些银行，像图 2.4 中涉及的美国银行，它们都在筹集足够的资金以跟上其资产负债表规模的增加。短期内，正如在美国，大型国际银行的实际杠杆比率没有改变；即使在美国，最大的世界银行也在做着监管者所希望的事情：转向监管者认为风险最低的资产类型。监管套利正在发生，但是目标一定不是增加杠杆比率，因为杠杆比率并没有增加。

我们认为，总体数据隐藏了不同银行间的巨大差异。我们在第 1 章提到，在危机前夕，不同的银行资本水平不同；同理，前几年，当其他银行在去杠杆化的时候，一些银行却在提高杠杆比率。例如，从 2000 年到 2007 年，美国银行将杠杆比率从 13∶1 降到 12∶1，摩根大通从 17∶1 降到 13∶1，而花旗集团将其杠杆比率由 13∶1 提高到 19∶1（Barth 2010，图 5.14）。在第 4 章，我们会讨论这样的对政治经济产生影响的异质性行为。

然而，第二点是，综合模式表明，当时对于资本套利原因的理解过于简单。要想了解为什么，我们首先要知道受监管的缓冲资本与不能利用的缓冲资本是不一样的。实际上，管制的最小资本额根本算不上是“缓冲”：如果违反规定，银行就要承担负面的法律影响。因此，它更类似于硬地板，而不是可以吸收意外损失的枕头。

Martin Hellwig（2010，20）指出，由于资本需要满足监管者的需求，所以我们很少考虑到监管资本的缓冲作用是有限的这一悖论。因此，在金融危机前夕，缓冲资本比例为8%或者10%的银行并不能利用这些资本来抵补损失，否则缓冲资本就会降到低于监管者规定的法定最小资本额。相反，如果没有法定资本要求，如果拥有10%的缓冲资本，在遇到麻烦时，为了降低损失，银行可能将缓冲资本的比例降到9%、7%、5%或者1%。然而，当金融危机袭来时，对于一些银行来说，它们想要将资本率保持在10%，成为“资本雄厚”的银行，而享受其特权，这是不可能的；或者对于另外一些银行，它们不希望在其资本低于8%的“资本充足性”水平之后，其资产将受联邦存款保险公司控制90日，这也是不可能的。[16]

在有关银行的文献中，监管的“缓冲”资本与可用资本的区别也许可以解决一个两难问题：为什么银行一直将资本水平保持在刚好超过法定最低资本额（例如，Tarullo 2008，141～150；Hanson等，2010）。我们之前提到，在金融危机以前，典型的资本充足性银行，其以风险为基础的资本占比为12.85%（第一层加上第二层的资本除以风险加权资产——图2.4中最上端曲线）。“多余”的2.85%是银行可用缓冲资本——为不小心触到10%的法定最小资本额留出的保证金。然而，一旦资本水平低于8%，就会有更加严重的法律后果，所以，我们可以说银行的缓冲资本比例是4.85%。如果不是将其作为银行资本与跌破法定最小资本额时产生的法律惩罚之间的缓冲，就没有什么理由花费这些资本。

这个分析也许可以解释，在21世纪初，为什么即使商业银行将其资产负债表的构成转向低风险权重的资产时，它们集中买入资本的速度也几乎与其实际的、未进行风险加权的资本的增长速度一致（图2.4底端曲线）。总之，这两种行为表明，总体上，美国银行利用追索权规则，并非想提高杠杆作用，而是通过（1）保持资本与资产的绝对比例，即使在（2）降低硬监管资本水平时，来提高其可用缓冲资本。

想象在2001年1月1日，一个资本雄厚的商业银行，在其100美元的资产中，风险加权资本占14%，均为风险权重为100%的商业贷款。该银行可用缓冲资本是4美元，而其管制的缓冲资本是10美元。如果在2001年，该银行将其50美元的商业贷款换成50美元的AAA级抵押债券，那么当追索权规则生效时，银行会通过将债券价值降低8%而降低其管制资本水平，同时等额提高其可用缓冲资本，那么，将资产从100%的风险级转移到20%的风险级，在10%的管制缓冲资本中，就可以节省80%。监管套利并不需要提高杠杆水平，也就不需要增加风险；而是它可能以管制资本水平为代价，提高可用资本水平，并降低风险（其他不变）。当资产负债表扩大时，只要银行业同时增加足够的资本与其保持同步，那么增加（而不是买入）AAA级抵押债券也可以达到同样的效果。尽管本质上银行的杠杆水平没变，但是我们认为，在金融危机发生的前几年，这促使银行进行了资本套利活动。

金融危机发生之前，银行购进AAA级私人抵押支持证券和担保债务证券，甚至为了保持其资产总体的增长趋势而增加足够的资本，这样所产生的净效应就是，增加银行可用缓冲资本，减少管制缓冲资本0.34个百分点——即投资在这些工具的4.3%的资产中的8%（表2.3），为了简单起见，假设这4.3%的风险权重都为100%。为了便于解释，我们运用同样的假设，那么银行购买包括机构债券在内的所有抵押支持证券，所产生的净影响是在12%的资产中，法定最低资本额降低8%，因此进入20%的风险级（表2.2），银行可用缓冲资本增加0.96个百分点。

当然，现实中，为了获得全部抵押贷款的风险权重均为50%，银行可能购入风险权重为20%的抵押支持证券，而不是风险权重为100%的商业贷款。但即使银行正在用非100%风险权重资产“换取”机构债券或者AAA级私人抵押支持证券，将12%的资产投入到风险权重为20%的抵押支持证券，而不是所有抵押贷款，其影响是增加0.48个百分点的实际的、可用的缓冲资本。

3　监管和大萧条的相互作用：市场价格崇拜

根据巴塞尔制度的三个版本（包括追索权规则），美国和国际金融监管者赋予住房抵押贷款较低的风险权重，但他们未必预料到当住宅泡沫爆发时，其对银行业和世界经济造成的影响，他们也未必预料到这一举动可能导致住宅泡沫。他们对由“公共部门单位”（如美国的房地美和房利美）发行的证券规定更低的风险权重，或按照追索权规则和巴塞尔协议Ⅱ，对高评级、私募发行的资产支持证券规定同样低的风险权重。

监管者并非不理性，他们只是没有意识到他们的行动在无法预料的情况下的后果。但是通过与其他准则的相互作用，巴塞尔规则中非预期的最坏结果发生了。本章我们关注两个出现这种非预期后果的、灾难性的例子：一是巴塞尔规则与会计准则（按市值计价会计准则）的相互作用，二是巴塞尔规则与证券法规的相互作用。证券法规实际上已经使穆迪、标普和惠誉成为受法律保护的寡头垄断评级机构。

这两种相互作用使我们了解为什么当金融危机爆发时，它转变成自大萧条以来最严重的经济灾难。

按市值计价会计准则和人类无知的问题

美国证券交易委员会（SEC）在1993年以美国财务会计标准委员会（FASB）115号条例的形式要求美国公司（包括银行）实施按市值计价会计准则或称公允价值会计准则。[1] 欧洲公司也根据国际财务报告准则（IFRS）实施按市值计价会计准则。实质上，按市值计价会计准则（MTM）要求银行或其他公司在资产负债表上的资产计价与资产的当前市场价格相一致。

按市值计价准则的目的是向公司的投资者提供透明度信息，即通过允许投资者知道立即出售公司资产时的价格，使他们清楚地了解公司的“价值”。因此，需要按照当前市场价格来计价资产，否则公司可以通过以不真实的高价计价资产，来对股东隐瞒损失。Edwin T. Burton（2009，130）写道：

> 美国证券法规的指导原则是“充分披露”这一概念，它可解释为股东对“透明度”的要求。透明度意味着除其他因素外，会计价值应当在最大程度上反映当前的市场价值。

斯蒂格利茨（2010a，156）说：

> 没有人能够在作出决定前掌握所需的全部信息。金融市场的职责是搜寻相关信息，并根据有限的信息作出有关风险和收益的判断。但是市场本身似乎并不能提供足够的透明度，这就是为什么政府必须介入并要求信息披露。

基于上述原因，斯蒂格利茨（156）支持按市值计价的会计准则，尽管他承认“没有一种会计体系是完美的”。但是，这种说法同他承认所有决策者依赖“有限信息”一样都是无意义的，因为在同一句话中他主张应当根据搜寻“相关信息”的标准来判断市场。决策者不需要不相关的信息；但是决策者面对的问题是在不知道所有可能信息的情况下，确定哪些信息是相关的，换句话说，就是确保其掌握的有限信息是相关信息。虽然基于全部信息的综合观点能够区分相关信息和不相关信息，但这是不可行的，因为它意味着了解全部的信息，即无所不知。因此，仅仅使“相关信息”透明化的标准是不可能满足的。虽然斯蒂格利茨表面上承认我们的无知，但实际上他淡化了这一点，他认为在实际问题中，给定正确的会计准则，我们能够掌握“相关信息”。

我们的观点是市场参与者可能不知道相关信息，或者不了解哪些信息是相关的，这仅仅因为他们是人类。但是斯蒂格利茨（2010a，332）认为市场参与者（股东）的无知来源于“银行管理者的激励……我们与股东的利益不一致”。这段引文来自斯蒂格利茨（2010a，156）对为什么“政府必须介入并要求信息披露”所做解释的尾注。政府可以通过强制公司按市值计价资产来做到这点；当公司是银行时，政府要求披露银行资产的当前市场价格。但是，斯蒂格利茨似乎没有意识到，按市值计价会计准则不仅需要披露这一信息，它还要求该信息能用于计算公司在法律上是否有偿债能力，即用公司的收益进而利润减去公司资产的当前市场价格的损失。这为当前市场价格赋予了法律效力，因为它阻止了“市场”向那些因当前资产价格下跌而宣告破产的公司投资，即使某些潜在投资者认为当前价格下跌只是暂时的或错误的。

价格作为选项

当前市场价格反映了当前“供给”和“需求”的交点。但是当前供给和需求信息可能不但不相关，而且在确定股东希望知道的公司资产的“真实”价值（如未来价值）上出现误导。

考虑最简单的情况，对某种消费品的“需求”是不同消费者对他们是否会在将来，从购买产品后对产品的需求和感到满意意义上，重视该商品所做预期的集合。这些预期由消费者在既定价格下购买商品的意愿反映出来，因此这些预期的集合有助于确定既定商品的当前市场价值。但是，像作出预期的人类是容易犯错的一样，消费者预期的结果可能是错误的。产品可能是令消费者不满意的，不满意的消费者便不再购买，导致产品价格下跌，所以消费品的当前市场价格不能用来准确预测其未来价格。此外，其他商品及其价格变化的不可预测性可能使得消费者不再购买既定产品，即使他们对该产品感到满意。

同样地，“供给”消费品的生产者决定生产什么、生产多少以及通过解释同类商品的历史销售可能表明的关于特定商品的未来需求，从而制定销售价格。[2] 生产者对消费者需求的预期同消费者自身对产品的需求和满意程度的预期相比，更有可能是错误的，因为生产者不能直接接近消费者的感受。

如果产品不是消费品，比如说住房抵押贷款支持证券，它带来了一个新的难题：债券的购买者不仅需要预测他们未来的金融需求（他们未来或许需要更加高风险、高收益的债券，或许需要低风险、低收益的债券，或许需要流动性更强的证券，如国库券），还需要预测满足这些需求的可能性，在未来他们可能获得，也可能无法获得这些需求（如更高风险或更安全的证券是否会出现在市场上，或住房抵押贷款支持债券的流动性是否会在对某一类型证券的恐慌中消失）。他们还必须预测标的物为住房抵押贷款的债券的未来业绩。

正如我们在第1章所知的，这些预测需要一些推论预测，例如对未来住房价格水平的预测及该价格水平对数百万抵押者在发现他们住房“缩水”（贷款价值比超过100）后的特异反应的影响。如果这些抵押者的住房价格下跌到x，y或z的水平时，还有多少抵押者会继续支付他们的住房抵押贷款？如果抵押者违约，代表投资银行发行抵押债券的合法信托通过转售住房能够募集多少钱？这些问题的答案需要对未来的预测，非无所不知的人类无法可靠地知道这些问题的答案是因为每个处于这种情况的抵押者将面对一系列各异的经济状况，不但在个人层面上（它能得到统计上的补偿），而且在社会层面（如宏观经济层面）上（经济学家通常在预测方面鲜有成就）（Colanderder 等 2010；Caballero 2011；Kling 2011）。的确，正是未来的不可预测性这一事实证明了资本缓冲的合理性。

把波动的资产当前价格与资本缓冲相联系，更不用说严格的资本下限，这是第一指令（first order）的概念性错误。但这正是当强制所有美国公司执行按市值计价会计准则时，它所做的，其中一部分美国公司是覆盖资本充足率管制的商业银行。

美国财务会计标准委员会（FASB）给出的解释是按市值计价会计准则“描述了证券未来净现金流的现值的市场估计，不考虑当前利率和现金流不发生的风险的市场估计”。[3] 按市值计价会计准则的合理性（按其批评者的话说）“遵循这一观点：如果市场是有效的，即如果价格是信息和市场参与者信心的集合，那么这就是‘价值’的最优估计”（Gorton 2008，64）。关键词是信念：美国财务会计标准委员会（FASB）对市场价格的观点是市场参与者的信心即预期有效地等同于知识。这类似于假设市场参与者拥有的全部“信息”是准确的、有代表性的，并且与产生正确的信念有密切关系（Colander 等 2010，269），或如斯蒂格利茨所说是“相关的”。

美国财务会计准则第 115 号条例延续了市场价格是准确的这一不切实际的观点，它隐含着市场参与者作为一个群体对金融资产是无所不知的。这一观点需要理解给定金融资产的当前价格，它比只是对这些资产的未来价值，有多少人看多，又有多少人看空的变动的晴雨表有更深远的意义（弗里德曼和金柏格 2009）。也就是说，准则并不把金融资产的当前市场价格看做这些资产的买卖双方作出的容易出错的预期集合。相反，它把当前资产价格看做对资产未来实际价值即“公允价值”的正确预期，这默认地假设了金融资产的买卖双方了解相关信息。

资产的未来实际价值或者是当资产实际出售时的价格，或者是当资产持有到期时最终获得的收入。基于当前价格无法可靠地预测这两种价格。如果能够可靠地预测这两种价格，那么就不会有资产的这些价格：买卖双方的存在表明买卖双方对资产的未来价值有着本质的分歧。[4] 买卖双方非但不是无所不知的，他们也不可避免地会犯错。

按市值计价会计准则的支持者怎么能忽视人们在设定市场价格时可能的无知呢？理解这一点的方法是把按市值计价会计准则看做一种民主的原教旨主义，就其意义而言，民主的基本原理同资本主义的基本原理一样，依赖“群众的智慧”这一论断。按市值计价会计准则强制银行把“群众”对未来价值（比如说住房抵押贷款支持证券）的普遍观点当做是对来自基础抵押贷款的支付流规模的准确预测。但它并不是，至少未必是，准确的预测；它是许多人对未来不同意见的集合，这如选举是人们对哪位候选人或政党在执政期间将更好地服务国家的预期的集合一样。

愚蠢的群众制定法律
(The foolishness of crows enacted into law)

根据美国财务会计准则第 115 号条例，待售资产应按市值计价。不过，持有到期的债券不需要按市值计价。并且，资产不论是否用于销售，根据可能的情况，按市值计价，但不采用当资产的市场价格下跌时减少收益的方式。

正如我们所知，留存收益是银行一级监管资本的重要组成部分。在这一关键节点上，监管相互作用的可能性增强了。如果银行资产（比如说住房抵押贷款支持证券）是目前人们担忧的对象，那么它的价格将下跌，并且如果这些资产是按市值计价的，那么银行的监管资本也将减少。这不是因为银行遭受了任何实际的损失，而是在于人们对损失的预期。如果银行的监管资本有可能低于法定的最低限度，银行将不得不采取措施，例如减少贷款，来增加资产价值以符合其资本水平。

然而，美国财务会计准则第 115 号可能稍微削弱了这一影响，因为它把基于熊市观点的资产价格下跌的结果限制于待售资产的降价之内，不包括确定持有到期的资产和不确定是否会持有到期的资产。但是，美国财务会计准则第 115 号[5]也沿用了美国财务会计准则第 107 号[6]（1991）和第 114 号[7]（1993）提出的基于资产当前市场价格的永久“价值”贬值这一概念，这些资产包括不打算出售的资产和在到期前不确定是否出售的资产。因此，如果银行的会计师[8]证实银行资产是非暂时性贬值的（OTTI），那么资产应降价为其当前市场价格，并且降价会减少收益，就银行而言，即监管资本。

美国货币监理署（OCC）对降价结果的总结如下：

> 当证券的公允（市场）价值低于其账面价值时，就认为证券贬值了。如果银行确定贬值是非暂时性的，私人证券就被认为是非暂时性贬值的（OTTI）并且它在资产负债表上的账面价值按其公允价值减记，即减记减少后的当前收益金额……因为非暂时性贬值反映了证券价值更长久地减少，所以非暂时性贬值的降价在监管资本中反映出来。

当然，实际上，非暂时性贬值的降价未必反映了证券价值的永久性下跌。它只不过反映了当前市场对该证券持普遍的看跌预期。当前低价可能源自人们对微观“信息”（如次贷违约）或市场参与者认为这些信息所传达的宏观影响（例如经济衰退的可能性，它通过削弱抵押者偿付债务的能力，降低了住房抵押贷款支持债券的未来价值）的过度反应。因此，在2010年2月，John Geanakoplos（2010，13）指出摩根大通的优先级抵押债券的市场指数在2008年快速下跌，从100点骤然跌落至2009年初的60点，即使“这些优先级贷款的累计损失时至今日仍然是个位数；难以想象它们会达到40%”，如它们的市场价格下跌40%所暗示的。类似地，联邦存款保险公司（FDIC）前主席William M. Isaac（2009，2）证实在2009年3月的一次关于按市值计价会计准则（MTM）国会意见听证会上，一家典型银行尽管日损失只有180万美元并且在私人抵押支持证券（PLMBS）的有效期内预期损失为1亿美元，但是在2008年底被要求为36.5亿美元由银行本身发起的优先级贷款组成的私人抵押支持证券（PLMBS）减记9.13亿美元。

如国际货币基金组织（IMF）所说，“公允价值”或按市值计价的价格反映某一时点在考虑市场给资产带来的全部风险（包括信用风险和流动性风险）后的退出价值。如果市场在评估任何风险组成部分时反应过度，那么公允价值将对此作出反应。因此，在任何资产包括证券化工具出现（金融）危机期间，巨大的折价使公允价值远低于由标的物未来现金流得到的价值，甚至考虑次贷因素可能的贬值（IMF 2008a，65）。

然而，法律通过按市值计价会计准则贯彻群众的观点，按照美国货币监理署摘要中描述的机制，可能使这些不准确的市场评估演变成预期的自我实现。例如，在2008年底，美国纽约梅隆银行不得不对其住房抵押债券投资组合减记12.41亿美元，尽管债券收入并未遭受损失并且在债券的有效期内预计损失为2.08亿美元。减值使银行收益损失了大约三分之一，因此，一级资本损失12.41亿美元（WRCM 2009）。

当按市值计价会计准则和法定资本最低限额相结合，银行需要减少流入实体经济的贷款来维持资本缓冲，它导致经济衰退并进一步恶化，这与群众的宏观经济预期相一致。Daniel K. Tarullo（2008，78）指出当银行已经遭受资本损失，使其接近监管最低限额时，由于增加追加资本可能非常困难和昂贵，总资产的缩减和存款的相应减少更有可能发生。如可能的情况，当这些缩减实际上是通过放缓新增贷款实现的，那么依赖银行满足融资需求的公司或其他借款者可能受到不利的影响。各类借款者，例如缺乏对其他融资渠道（如债券发行）的实际追索权的小公司，即使它们是有信誉的，可能依然无法获得信用。如果这一现象十分普遍，经济参与者在获得融资方面的无能为力，会对经济活动产生重大影响，进而加深或延长经济衰退。因此，监管资本要求本身可能是顺经济周期的。

但是，就金融危机而言，监管资本最低限额和按市值计价会计准则相结合会使顺经济周期进一步恶化。否则，贷款只需减少至银行遭受的实际损失，而不是实际损失加市场参与者预期的损失。当按市值计价会计准则的减值对银行的监管资本“缓冲”产生或有可能产生重大影响时，按市值计价会计准则和资本充足率管制会相互作用。否则，银行只需接受收益中按市值计价扣减的项目，而不用对此做任何事情，就可以确信当前这一轮熊市观点会过去。但是，因为按市值计价的收益损失减少了一级资本水平并出现法律后果，银行没有时间等。它们必须以实体经济为代价采取纠正措施。

当资产的市场价格下跌，且银行的会计师认定下跌是价值“非暂时性的贬值”，银行可能如 Tarullo 所说，使用多种策略以避免其出现低于监管资本最低限额的情况。减少流入实体经济的贷款并不是银行的唯一选择，另一个选择是出售资产来增加现金。然而，这也可能发生对特定资产（如住房抵押贷款支持证券）低“价值”预期的自我实现，这会出现市场恐慌：

> 当银行 A 调整清算资产，如廉价销售部分住房抵押贷款支持证券，它给持有相同资产的银行 B 带来成本：按市值计价银行 B 的资产价格将下跌，这对银行 B 的资本头寸施加压力，并进而迫使其清算部分头寸。因此，一个银行的出售引起其他银行的出售，以此类推，导致了恶性循环（Kashyap 等 2008，13）。

然而，按市值计价会计准则和监管资本最低限额再一次放大了这一影响。如果住房抵押贷款支持证券的市场价格显著下跌，或住房抵押贷款支持证券市场停止“流动”，即几乎无人购买该证券，那么银行需要出售其他与住房抵押贷款无关的资产，以弥补因按市值计价住房抵押贷款支持证券的降价造成的资本减少。进而，“减价出售”任何现有资产将拉低其他银行资产（不论是否有住房抵押贷款支持）的价值，这要求银行通过出售资产或者减少贷款进行补偿。

在2007—2009年经历的流动性危机，所有证券变得高度相关，因为所有投资者和基金公司被迫出售高质量的资产以产生流动性。这是……任何以市价为基础的金融体系的特点，在这一体系中，金融机构的资产负债表与按市值计价的杠杆约束相联系（Poszar 等 2010，3）。

因此，“在市场弱势或混乱时期，采用公允价值（按市值计价）准则会引起资产价格螺旋式下跌和加重金融的不稳定性”（IMF 2008a，76）。

更糟的是，2006年9月，美国财务会计标准委员会（FASB）颁布了美国财务会计准则第157号[9]，它于2007年11月16日生效。美国财务会计准则第157号要求资产计价根据“在计量日参与者之间通过有序交易出售资产或转移债务时得到的价格”。[10]但是，如果在计量日无人愿意购买资产，结果相同资产没有可获得的价格，那么银行不得不按同类资产“可观测的”价格计价资产。因此，针对私人抵押支持证券的信用违约互换（CDS）保险的可观测价格被用来为它们保险的资产计价。美国证券交易委员会对按市值计价会计准则的一项研究（SEC 2008，62）表明，82%的资产采用这种方式估值，只有11%按实际价格计价。[11]

为了描述美国财务会计准则第157号条例产生的影响，考虑2008年夏天本应发生的账面价值减少，当时金融危机尚未达到顶峰，但是自从私人抵押支持证券和信用违约互换停止交易后，人们对抵押债券的担忧日益加重。一旦交易停止，ABX（私人指数公司）评定的抵押债券指数型信用违约互换保险价格被视为实际价格的替代。各个年份ABX公司评定的AAA级和BBB级债券的价格如图3.1所示，以100代表债券面值，信用违约互换保险价格的增加代表被保险不同份额价格的下跌。

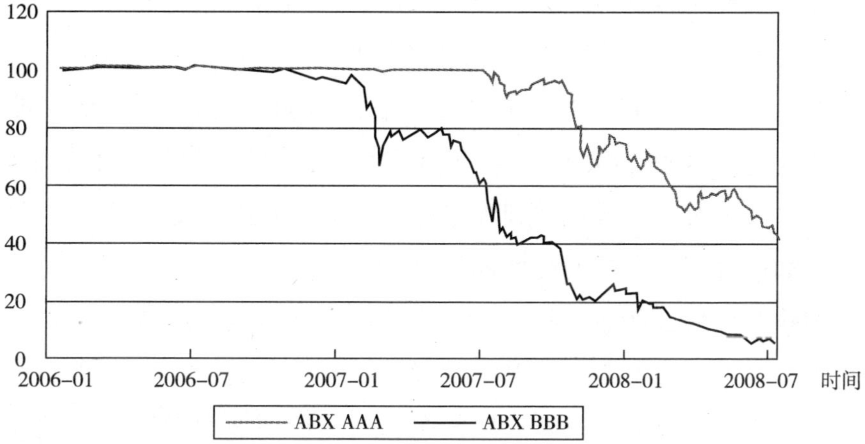

资料来源：IMF 2008b，图 1.9。

图 3.1 抵押支持证券的“价格”下跌

对 AAA 级债券而言，由信用违约互换的保护成本得到的价格在 2008 年夏天已经下跌了 60%。与市场的下跌观点相一致的是国际货币基金组织（2008，图 1.13）报告指出，从 2007 年第二季度到 2008 年 3 月，美国银行不得不为价值 4 720 亿美元的住房抵押贷款支持证券减记大约 2 500 亿美元，这说明按市值计价的价值下跌 53%。[12]这意味着，假定 4.3% 的银行资产投资于抵押债券（表 2.5），银行总资产的票面价值会减少大约 2.2%。理论上，这 2.2% 的减值会与资本雄厚银行的 10% 的最低资本限额相互作用，减少占美国商业银行总资产 22% 的银行贷款能力，总计 2.5 万亿美元（美联储 2008，表 1）。

按市值计价的彻底垮台

此外，持担忧态度的投资者们对住房抵押贷款支持证券出现的问题并不准确了解，他们不加以区别地出售全部资产支持证券，而不仅仅是住房抵押贷款支持证券。2007年底，美国商业银行和存贷款银行持有大约价值840亿美元的AA或AAA评级的非住房抵押贷款类的资产支持证券（He等2009，表10），根据追索权规则其风险权重为20%，这些证券的价格现在开始下跌。另外，如我们在附录Ⅱ的解释，巴塞尔协议Ⅰ对资产支持商业票据（ABCP）作出了完整的资本宽减规定，如通过表外资产融资的超短期债券。这些债券不是由不同等级的、超额抵押的资产池支持，而是由非结构化的资产池支持，包括住房抵押贷款、信用卡账单和其他账单，这些属于资产，因为它们有要求债务人进行偿付的索取权。银行向资产支持商业票据提供“流动性承诺”即承诺在其市场枯竭这一罕见事件发生时购买它们。

当投资者抛弃所有资产支持债券时，资产支持商业票据市场的确枯竭了，从2007年第三季度起，银行不得不履行它们的流动性承诺，将大约2 450亿美元资产支持商业票据置于其资产负债表内（Acharya和Schnabl 2009，91）。因为住房抵押贷款的风险权重为50%，最大胆的估计有高达2 280亿美元的这类资产（Acharya和Schnabl 2010，12），其风险加权后价值达1 140亿美元。加上其他风险权重为100%的资产，这将使银行的资产负债表扩大1 310亿美元，从而需要131亿美元的新增资本，相反，银行的贷款能力减少了1 310亿美元，还有我们在前面部分估计的2.5万亿美元因按市值计价住房抵押贷款支持证券所造成的损失上限。

但是更大的问题在于资产支持商业票据融资受损意味着，银行向消费者和企业贷款的能力大大削弱。巴塞尔协议Ⅰ和之后美国对表外承诺的管制（附录Ⅱ）将能集合资产支持商业票据的资产池的有效风险权重减小为0，但这使银行更易受一时的观点影响，这些观点随时可能导致投资者不愿意购买资产支持商业票据。银行采用了这一危险路径，否则这类贷款在资产负债表上将会遭受相对高的资本支出。一旦资产支持商业票据的市场流动性枯竭，这类贷款不得不停止，尤其是按市值计价会计准则与对表内资产的资本充足率管制之间相互作用使银行无法继续发放新增贷款。

幸运的是，一些抵消力量阻止了情况恶化，即使银行的贷款能力（如我们所知）收缩了22%。2008年9月19日，美联储宣布计划向银行提供贷款，购买资产支持商业票据。当时，银行已经开始募集大量资本以补偿其票据损失；到2008年12月，当美国银行的减值已经增至5 100亿美元时，银行只筹集了3 910亿美元（包括美国政府注入的资本），留下1 190亿美元按市值计价的损失（IMF 2009a，表1.4）。这可变成高达1.19万亿美元或占银行总资产11%的贷款能力的减少。但是，如我们在第2章指出的，美国商业银行总体已经积累了超过监管最低限额大约3%的可用资本缓冲，并且它们转向低风险权重的资产，通过降低法定授权下限，扩大了可用资本缓冲。

因此，从2007年9月至2008年8月，银行贷款既不是下降了22%，也不是下降了11%，而是只下降了7%。这是“40年间信用收缩的最快速度”（Lachman 2008）。我们不能把这次收缩完全归因于按市值计价，因为银行也许仅仅是预测了经济衰退并相应地减少贷款。但是，与此相反，如Ivashina和Scharfstein在第1章指出的，这一期间的新增商业贷款减少了67%。与大企业相比，商业贷款对小企业而言更加重要，因为与小企业不同的是，大企业可以通过发行债券进行融资，而不仅仅是通过银行贷款。根据巴塞尔协议Ⅰ，银行向企业贷款的风险权重为100%，这使得当银行监管资本缓冲遭受风险时，银行将首先中断这些贷款。在这种情况下，银行最好继续向住房购买者或联邦政府发放贷款，而不是借款给小企业，因为住房抵押贷款的风险权重为50%，国库券的风险权重为0。

如果没有对资本支持商业票据的救助，没有对银行的救助，没有

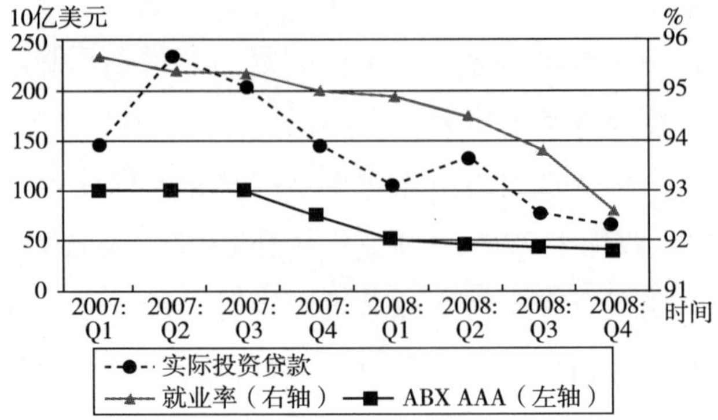

资料来源：贷款：Ivashina 和 Scharfstein 2010，图 2；ABX：IMF 2008b，图 1.9；就业率：美国人口普查局。

图 3.2　会计准则和资本充足率规定的相互作用

适当的可用的资本缓冲和通过已经发生的监管套利而降低的法定资本下限，监管资本最低限额很可能已经与按市值计价会计准则相互作用并导致就业水平出现比实际情况更大的下降，这里假定失业会伴随着较大的贷款收缩，尤其是商业贷款收缩。然而，我们指出的监管互动作用似乎足以导致美国的大萧条，即使美国银行持有的私人抵押债券是投资者持有的三倍，显然由于追索权规则，它仍然只占银行总资产投资组合的很小部分。

美国外部的情况则有所不同。似乎非美国的银行几乎从一开始就能够以和它们按市值计价的损失相匹配的速度来筹集资本（IMF 2008b，专栏 1.3）。部分原因在于根据美国外部采用的国际金融报告标准，在按市值计价减值执行前存在着“长达数年的滞后”（IMF 2009a，7n9）。

当然，有人可能会反对，认为不论在理论上市场无所不知的观点是多么荒谬，也需要银行按市场价格计价其资产，“群众”在这种情况下完全可能是正确的。或许，次贷违约这一事实证明了降低账面价值是合理的。

我们对此深感怀疑。Isaac（2009，6）证实监管者在2009年3月底告诉他，他们预计次级住房抵押贷款支持证券的现金流（例如“实际”）损失为20%，而不是2008年底AAA级信用违约互换的市场价格所暗示的60%。回忆一下，大约21%的典型抵押债券是由超额抵押证券（首先吸收损失的权益性证券）和次级证券（其次吸收损失的中间层证券）组成。考虑到银行有能力通过转售住房重新获得已违约住房抵押贷款的部分价值，大约需要28%的违约率才会使AAA级债券持有者遭受任何收入损失（IMF 2008a，59）。这并没有发生。2009年，丧失次级可调整利率抵押贷款赎回权的比率的最大值低于7%，丧失次级固定利率抵押贷款赎回权的比率的最大值低于3%（Timiraos 2010）。

这并不是说由于拖欠和违约而造成的AAA级证券收入流的中断不会突破28%这条线并影响AAA级证券，尤其是既定的住房抵押贷款池高度集合了来自特定州或地方的住房抵押贷款，且AAA级担保债务凭证（CDO）在既定的构建方式下，会变得更加脆弱。但情况似乎是“群众”对次级抵押债券中高评级部分的预测价值非常低，这些不准确的预测通过降低银行的监管资本水平及其贷款能力，导致了经济灾难。

美国国际集团（AIG）的例子

导致美国国际集团破产的担保债务凭证间接地证实了我们的论点。美国国际集团与美林、高盛和法国兴业银行在面值为621亿美元的担保债务凭证上互为信用违约互换协议的交易对手方（Sender 2010）。2008年10月，美联储已经“决定将这些担保债务凭证纳入自己的账户并支付给银行以消灭这些合约”，尽管高盛和法国兴业银行“愿意撕毁同美国国际集团的合约，只要允许它们继续持有基础性担保债务凭证，这说明两家银行认为它们能够增值”（Story 和 Morgenson 2010）。美联储、高盛和法国兴业银行一直争夺持有债务担保证券的权利，建立在信用违约互换基础上的债务担保证券的市场价格如此低，以至于保险政策能够带来收益。美国国际集团前首席执行官说，公司不得不接受“由于按市值计价会计准则导致账面价值减少的 250 亿美元，它迫使公司承担了会导致信用降级的票面损失”（Narayanan 等 2010）。总之，美联储、高盛和法国兴业银行得出结论：信用违约互换的市场价格是错误的，美国国际集团按市值计价的账面价值降低是不正确的，因此美国国际集团仍然是有偿债能力的。

美联储指出“在‘其顾问对这些债务担保证券的估值’和‘公司对它们的计价’之间存在差异”，即 296 亿美元（Sender 2010）。美联储、高盛和法国兴业银行认为市场价格或“可观测的”模拟市场价格（它已被银行用做根据美国财务会计准则第 157 号减少其监管资本账面价值的基准）太低了。这也许解释了，当美联储救助美国国际集团时，向其交易对手支付信用违约互换协议全部面值这一引起争议的决定，尽管“许多分析家认为政府可以商定一个较小金额，以减少用于这项救助的纳税人的资金”（Story 和 Morgenson 2010）。

2010 年 1 月，美国财政部发言人告诉了《纽约时报》，Maiden Lane Ⅲ 这样重复道，“那些投资被证明是明智的，他还说处于争议焦点的资金完全能带来不错的盈利”。当时，债务担保证券基于其业绩表现的价值上升到 450 亿美元（Sender 2010），为面值的 72%。

解释恐慌

为什么“群众”是错误的？这是“不理性的”吗？

Felix Salmon（2007）给我们提供了对信用违约互换的价格和基础资产之间相分离的最佳解释。首先，他指出了一个矛盾的事实：在2007年12月，即使当高评级层证券的价格“仅仅”是面值的34%时，衍生自ABX公司的信用违约互换价格的中间层证券的隐含价值也远高于0。中间层证券应当在高评级层证券遭受任何损失之前，就（以0或接近于0的价格）完全清除出去，所以这些价格是没有意义的。

> 比如说大部分AAA级债券，同BBB级证券的剩余价值所暗示的一样，是非常安全的，并且将被完全偿付。问题在于没有人知道哪些AAA级债券将无法完全偿付。由于不确定性，债券的市场价格将下跌……
>
> AAA级次级债券按市值计价的价格并不代表市场对那些债券未来现金流的现值的最佳猜测。相反，它代表了对贴现的无知。如果你进行了审慎调查并计算出哪些AAA级债券是优质的，那么你或许你自己能做得非常好（Salmon 2007）。

例如，并非所有“年份”AAA级私人抵押支持证券会遭受相同的损失。到2008年9月，2000年和2001年发行的次级贷款的拖欠支付率最大值为25%，同时2002年发行的拖欠支付率最大值为20%，2003年发行的拖欠支付率最大值为15%；但是，2006年和2007年发行的拖欠支付率分别达到了35%和20%，并且没有迹象表明它们已经达到了最大值（IMF 2008b，图1.8）。然而，恐慌不但影响所有AAA

级抵押债券（优先级抵押贷款、次级抵押贷款和次级可调整利率抵押贷款），而且影响与住房抵押贷款无关的资产支持证券，例如助学贷款和非结构化商业发票池。

ABX 指数的确区分开了不同年份的私人抵押支持证券，但是每个指数只包含了每一年份的少数私人抵押支持证券。此外，不同年份的拖欠统计数据混淆了来自不同地方的无数私人住房抵押贷款。而且要在最好的情况下，对担保债务证券进行审慎调查实际上是不可能的，因为它们可分成不同的私人抵押支持证券部分，而私人抵押支持证券又可分成无数住房抵押贷款。在恐慌中审慎调查需要快速作出决定，这实际上是不可能的。这些因素即典型的“不确定性”，造成了抵押债券价格下跌的恶性循环。

但是，这种市场灾难——无知的蔓延经常发生（甚至在私人股票价格中），并不会引起银行业危机，更不用说深度衰退（Gjerstad 和 Smith 2011）。问题在于对监管资本的规定（将法定资本最低限额和资产支持债券的评级相联系）和按市值计价会计准则（无意中将银行资本和这些债券的当前市场价格相联系）相结合，使得市场价格波动对经济造成了毁灭性的影响。

金融监管者和会计监管者偶然地策划了金融危机和灾难性的衰退。

对评级机构的监管和对其意见的推崇

我们尚未考虑的一个因素是资本监管，它不但降低了对购买或保留高评级债券的银行的资本规定，而且提高了对评级机构下调其所持债券评级的银行的资本规定。对次级住房抵押贷款的担忧曾经出现，这正是评级机构所做的。例如，2007 年发行的 AAA 级担保债务证券在 2008 年普遍被下调至 CCC + 级（Barnett - Hart 2009，23 ~ 24），这些债券导致资本增加 4 900%。在这种情况下，对价值 100 美元的债券的资本规定从 2 美元增加到 100 美元（即一美元对一美元的资本支出，见表 2. 1），银行不得不为每 100 美元资产募集 98 美元的新增资本。

从 2005 年到 2007 年发行的 AAA 级私人抵押支持证券中有 15% 最终被降级了（Barth 2010，表 5. 3）。因此，尽管按市值计价会计准则基于实际或估算同类债券的市场价格和正在减价出售的其他资产的较低价格，降低了银行的资本水平，但是评级机构的降级增加了银行维持良好或充足资本所需要的资本金额。当然，评级机构对设定了过于乐观的 AAA 级证券的范围负有责任，至少就担保债务证券而言是这样，也就是说，AAA 级证券太广泛了。

可以证明的是，评级机构的错误，同资本充足率规定一样，意外地产生了监管的副产品，但采纳它们的时候，这似乎是合理的。州和联邦的混合监管可以追溯至 1936 年，到 20 世纪末，它赋予了三家评级"机构"（穆迪、标普和惠誉）巨大的特权，虽然它们属于私人所有的公司，却是联邦和州政府的非官方部门。Lawrence White（2011）表明，在 1936 年后的几十年间，越来越多的机构投资者，如养老基金和保险公司，被禁止购买没有被评为"投资级"（BBB - 级及更高）的债券。在 2001 年和 2004 年，追索权规则和巴塞尔协议Ⅱ将监管资本规定和评级机构的意见相联系。实际上，追索权规则和巴塞尔协议Ⅱ规定，银行自己持有而不是出售给其他投资者的资产支持证券需要来自两家信用评级公司的评级。[13]所以，评级机构通过作出债券评级获取的收入实际上得到了法律的保证。

但是，1975 年美国证券交易委员会实际上授予了当时存在的三家债券评级者以寡头垄断地位，这使问题变得复杂。在这一规定和后续行动中，美国证券交易委员会确保了，只有这三家公司可以被列入全国认可的统计评级机构（NRSROS），并且只有全国认可的统计评级机构的评级能够履行对投资级和更高评级的大量监管指令，这些指令自1936年起迅速增加。[14]最后的结果是，虽然三家评级公司能够使用任何它们希望的评级方法，但是它们的金融成就并非取决于这些方法在作出准确评级上的能力。相反，它们的盈利依赖政府的保护。即使评级公司使用了不准确的评级方法，它们也不会在金融上遭受损失，更不用说它们会倒闭了。毫不令人感到惊讶的是评级机构会犯错，因为自1975年起便不允许竞争者利用这些错误获利。

作为标准的AAA级证券是以三家公司对标的住房抵押贷款池违约概率的较低判断为前提。一切都取决于这些判断，而这些判断取决于公司的住房抵押贷款行为模型，而这些模型又基于历史数据。但是，穆迪并不急于更新它“自2002年起对美国住房抵押贷款市场的基本统计假定”（Jones 2008）。这意味着空前的美国国内房地产热并没有被考虑在内。同样地，Richard Gugliada曾在标普公司负责对担保债务证券的评级至2005年，他告诉记者说“住房抵押贷款市场从未出现过任何问题，也没有人认为它会出现问题”（引自 Jones 2008）。第一太平洋顾问公司对此感到怀疑，在2005年9月出售了它投资的18.5亿美元住房抵押贷款支持债券。后来，第一太平洋顾问公司的首席执行官Robert L. Rodriguez（2007）与惠誉公司在2007年3月进行了电话会议的讨论，他把惠誉的代表们描述为“对他们的模型和评级有绝对的自信”，尽管他们承认一旦“房屋价格在相当长的一段时间内平稳的升值”或者价格下跌，模型“会开始出现问题”。

与Rodriguez相比，为什么颁布了追索权规则的美国金融监管者和制定巴塞尔协议Ⅱ的巴塞尔银行监管委员会如此信赖这三家公司的评级呢？一个可能的原因是他们不了解这些公司在法律上受保护的地位。国际清算银行在2005年发布的一份报告支持了这一假设，在这份报告中，一组经济学家分析了鉴于“结构性融资”的出现，如住房抵押贷款支持证券，巴塞尔协议Ⅱ是否应当继续遵循结合全国认可的统计评级机构的评级，这一做法是由第2章讨论的1999年巴塞尔银行监管委员会的咨询文件确立的。报告的作者们认为这种做法是合适的，而他们似乎尚未意识到这一事实：美国证券交易委员会保护评级机构免于遭受竞争。

因此，他们得出了天真的结论："评级机构似乎对他们未来业务的名誉资本的价值，以及与利益冲突管理不善相联系的市场制裁非常敏感"（BIS 2005，25～26）。名誉资本是当前经济理论的一个支柱，而金融危机对那些支柱产生质疑（Acemoglu 2011）。不过，在这种情况下，问题不在于这个概念，而在于专家显然没有意识到美国证券交易委员会的规定。不管公司的名誉如何，只要它的收入是有保证的，名誉资本对公司而言就没有价值。既然实际上评级机构的"未来生意"有不同州和联邦规则的保证，它们就没有理由去担心一旦"名誉资本"减少，未来收入会遭受损失。我们推断国际清算银行的经济学家们至少不了解美国法律的相关内容。[15]

制定追索权规则的美国金融监管者也可以说是如此。使用评级的理由在该规则的最终版本中进行了讨论，规则的制定者认为"投资者依赖评级来作出投资决策，这种依赖对评级机构施加了市场纪律并对它们的评级给予市场可信度。市场对评级的依赖进而使评级机构相信，出于监管资本的目的把评级看做衡量资产风险的一个重要因素是恰当的。"[16]

这种近乎循环推理表明美国的经济学家们对此的推理过程是非常糟糕的。他们认为"市场"在洞察力上具有神一般的力量，在这个过程中市场参与者被消除了其错误和无知。类似的论点还包括在每一版追索权规则的官方解释中使用"外部评级"作为证券化资产的资本规定的基准理由，追索权规则在1994年被首次提出。[17]例如，在1997年颁布的第二版提案中，监管者认为“使用信用评级给代理机构提供了一种方式，使它们能够利用市场判断信用质量，以确定不同资本目的的损失头寸”，[18]在2000年颁布的第三版中，它们支持了这一观点，其理由是“评级的优点包括相对客观、应用普遍、被投资者和其他金融市场的参与者所依赖。评级为衡量信用风险提供了一种灵活、高效和市场导向的方式。”[19]

我们将第4章讲到竞争性市场具有某种认识论的特点，但绝不包括无所不知。但是，债券评级公司并不处在竞争性市场中。它们组成了受法律保护的寡头垄断，如果经济学家知道这是受法律保护的寡头垄断，他就会认同这种市场具有缺乏竞争性市场的特点。例如，竞争性市场的一个可靠标志是一些公司在竞争的过程中会倒闭。因此，在20世纪最后的20年间，美国最大的500家企业中有202家倒闭了。[20]然而，在美国证券交易委员会和州政府开始推崇债券评级“机构”意见之后的50年里，评级机构的数量保持不变。所以，在追索权规则中美国金融监管者利用“市场”来验证采用评级的合理性，对此唯一的理解是它表明他们和国际清算银行的经济学家一样没有意识到法律对标普、穆迪和惠誉的保护。

在现代民主国家中规则的相互作用

本章我们看到了有两套规则与追索权规则相互作用，结果导致了美国的金融危机和大萧条，它们分别是：美国财务会计标准委员会确立的按市值计价会计准则和自1936年起开始支持并于1975年正式保护现存的评级“机构”的规则。在本章剩余部分，我们将简要讨论这些规则的相互作用对现代民主的含义，在下章会转向这些相互作用的原因：监管者显然不知道可能会与其规则相互作用的其他规则，我们把它看做监管者对其行动的未来影响往往不了解的一个特例。

现代民主的隐含任务是解决人们认为重要的社会和经济问题。当大众媒体把问题呈现给公众时，这些问题的解决方案必然以具体问题具体分析为基础。在受到社会广泛关注后，由于需要专业技术，立法机构通常建立权威的专家机构以解决问题。[21]这种具体问题具体分析的解决方式在西方十分普遍，它至少在美国总被看做实用主义的顶峰。但是，如果管理是真正实用的，即解决社会和经济问题的同时不会产生新的、更糟的问题，那么一个新的解决问题的法律或规则的设计者就需要能够：（1）预测新规则在孤立考虑时各种难以预料的后果，（2）预测与其他规则的各种可能的相互作用。

当然，第二个要求在理论上意味着预测新规则与尚未颁布的规则（这些规则将被设计用来解决尚未出现的问题）之间可能的相互作用。这是不可能的，我们最多现实地希望，在系统完善的监管方面，当设计新规则时，能够充分考虑它与已经制定的规则之间可能的相互作用。然而，随着时间的流逝，制定的规则数量逐渐增加，这将变得越来越困难。

目前，监管者不可能知道一项预期的规则与已经颁布的规则之间会出现怎样的相互作用，因为没有人能完全掌握美国联邦法规法典的内容，它记录了所有永久性联邦法规。这部法规超过 15 万页，并且以每年几千页的速度增加（Crews 2010，15）。即使全部看完，它记录的法规都是与使用环境相独立的。对于使用环境，至少需要查阅联邦公报，它提供了新法规的基本原理以及如何操作的实例。但是联邦公报的内容很快会超过 300 万页，其中每年有超过 2 万页被用于最终条例，每一项的长度大约 10 页（Crews 2010，图 7～9）。

更普遍的是，人们设计所有那些规则是用于改善现代社会的运行方式，但是没有一个人或组织能够详细、准确地掌握这种运行方式。

因此，即使投入大量研究者和计算机对已经颁布的无数法规进行对比，他们也不可能提前将法规与其可能造成的问题相联系。

例如，考虑一下我们已经提出的作为造成美国金融危机和大萧条的重要因素的那些法规的顺序。

（1）1936年美国证券交易委员会和州监管者颁布的法规，规定了越来越多的机构投资者投资的最低评级。

（2）1975年美国证券交易委员会决定给三家现存的评级公司授予全国认可的统计评级机构身份。

（3）巴塞尔协议Ⅰ（1988年），确定了住房抵押贷款和政府资助企业发行的住房抵押贷款支持证券的风险权重（第2章）。

（4）按市值计价会计准则，由美国财务会计准则第115号（1993）确立，并由美国财务会计准则第157号（2006）完善。

（5）20世纪90年代末，美国住房和城市发展部旨在向低收入家庭提供住房抵押贷款，导致对政府资助企业的首付比例下降（第1章）。

（6）2001年美联储、联邦存款保险公司、货币监理署和储蓄机构监理局颁布的追索权规则（第2章）。

大部分法规之间没有明显的联系。然而，如果不理解它们是如何相交并相互作用的，可以说，就无法理解自大萧条以来最大的经济灾难。

研究这些相互作用的任务说明了在使这些相互作用导致的灾难最小化的过程中出现的实际困难。学者面临的主要问题（我们已经多次注意到了）是存在太多法规、太多解释这些法规的历史情况、太多分类方法以及太多关于其效果的理论，这些不可避免地迫使学者们过于专业化。可预见的成本是大部分学者忽略了那些他们专门研究的法规和那些其他领域专家研究的法规之间的相互作用，不管他们如何尽力观察宏观、系统的情况。监管者的任务，比如在本例中，从成千上万甚至上百万的法规中选择我们已经列出的六项法规，以便在尚能阻止危机前预测危机，这在逻辑上是可能的，但实际上是不可能的。

学者和监管者（以及现代民主社会的公民）出现的问题就其本质而言是一样的，即存在太多的信息。这就是为什么现代社会对并非无所不知的人类而言似乎是“复杂的”。并且这产生了令现代政治参与者，从公民到监管者，感到困惑的特殊类型的无知：不是缺乏信息，而是信息过多。这是一种诅咒，因为实际上，人们不可能从关于过去的政治行动及其影响的大量数据中找到“相关信息”。

如果我们想要解释复杂的世界以便远离那些可能造成系统性灾难的政治决定的话，我们就不得不去了解相关信息。解释依赖分类方法，而就法规而言，分类方法又依赖理论，这些理论是关于哪些因素会造成哪些影响以及哪些影响重要到需要被理论化。理论、分类方法以及解释总是有争议的：出现分歧是我们在尝试解决复杂情况过程中的一部分。分歧最重要的基础将是对法规具体不良影响的预测。然而，人们提出法规并作为特定“类型”的社会或经济问题的解决方法或预防措施对其进行分类，这一事实暗示了预见与完全不同领域的法规之间意想不到的相互作用是很困难的。

因此，1936 年，美国证券交易委员会（“证券”监管者）颁布了包含条款 1 的法规，这些法规似乎非常合理地为“退休体系”注入了审慎，例如，要求养老基金只能投资于投资级债券。没有人预测到这些“退休”法规在 39 年后会促成对条款 2 的需要，它本来是“证券法规”，但在 2001 年条款 6 颁布时，它实际上成为了“银行业法规”。

考虑到自 1936 年起颁布的条款 1 法规的不断增加，1975 年的决议作为证券法规甚至退休法规似乎都是合理的。将债券评级纳入法律似乎要求“不只是任何人”被允许评级债券。但是，条款 2 作为银行业法规却未必有意义，如果美国的“金融”而不是“证券”监管者知道这一点，他们也许就不会制定条款6。同样地，似乎非常合理的是“证券监管者”即美国证券交易委员会，根据美国财务会计标准委员会颁布的“会计法规”，确保公司通过按要求以市值计价资产告知了其股东“真相”（条款4），并且随着金融危机的到来，我们发现著名的经济学家如斯蒂格利茨，他们为基于经济理论的这项要求的合理性进行辩护。

在我们按时间先后顺序排列的最后是追索权规则的采用，至少可以想象如果在涉及美联储、联邦存款保险公司、货币监理署和许多储蓄机构监理局的众多监管者中有人知道条款2的话，她就会往回看，从那些颁布于19世纪末和20世纪的无数法规中挑选条款2，并意识到将大量银行资本引向证券的危险，而那些证券只是得到了一家受法律保护的寡头垄断的认可。在某种程度上，如果监管者知道条款5，他们也会考虑到由于鼓励住房泡沫（条款5），通过规定较低的风险权重（条款3和条款6）鼓励银行投资于住房抵押贷款和住房抵押贷款支持证券造成的影响。如果美国财务会计标准委员会中有人知道并理解条款3，他就会彻底地想清楚当关于银行资产的市场情绪下降时，要求减少银行资本价值的含义。

但实际情况是，我们几乎不能因为监管者无法将碎片组合起来而指责他们。其他人（投资者、记者、学者、银行家）也不能指责监管者，尽管一些人根据杠杆水平（我们已经指出它是虚构的）的增加声称金融危机即将到来。因此，尽管一些经济学家声称曾准确地预测过危机，我们知道的学者中没有一位预测了这次危机。[22]尽管一些观察者注意到了住房泡沫，并且住房泡沫是导致这次危机必要的先决条件，但它不足以造成银行业危机。我们认为这是资本充足率管制和评级机构管制之间相互作用的产物，并且银行业危机和按市值计价会计准则之间相互作用至少部分导致了大萧条。没有人提前预测到如此复杂的情况。

我们通过对危机的分析所看到的危机所强调的现代管理中存在的更大问题，不过你并不需要认同这一点。也许你支持其他学者，他们认为这实际上是非理性繁荣造成的住房危机，或者薪酬激励是主要原因，或者美联储应承担责任。问题在于政治体系不能提前可靠地辨别哪些学者的预测是正确的以及哪些理论可以指导国家政策。斯蒂格利茨（2010a，179）建议，你不能仅仅依赖公正的“专家”，因为他们经常意见不一致。此外，即使他们意见统一，在社会科学领域，学术共识并不代表真相，比如理论经济学通常无法预测任何事，包括经济危机。问题不在于“专家”的公正，仿佛任何专家只要有社会公德心，就会神奇地看清复杂的现实并提出正确的政策建议。情况并非如此，真正的问题是现代经济纷繁复杂，仅仅凭借分析家的欲望（即他或她的“激励”）无法轻易得到准确的分析。

经济学家无法预测危机表明尽管他们有很高的名誉和心理激励去理解他们的研究，但他们对现代经济实际上是如何运行的并不十分清楚（Caballero 2010；Colander 等 2011）。此外，经济学家事后无法超越一种先验信念：简单的激励事件可以解释一切重要事情。这表明凭借需要去过度专业化，大部分经济学家对现代经济的重要制度特征仍然不知道，这些特征包括资本充足率规定、证券监管和会计准则，它们的确通过重新安排激励对经济进行调控，但还有一些管制通过将激励与经济机构的无知相联系，带来了新的甚至灾难性的问题。

这有可能发生是因为监管者自身的无知：他们不知道这些法规单独作用时会造成哪些意想不到的后果，他们也不知道这些法规与大量已生效的其他法规之间将如何相互作用。

4 资本主义与监管：无知、异质性和系统性风险

财政部长蒂莫西·盖特纳告诉我说，“我们不知道下次危机将在哪里爆发，我们不可能预见危机。所以我们想要给系统构建一个更大的缓冲，以防备那些基本的人类局限性。我不想要一个依赖异常的洞察力或勇气的体系”。他补充说：“需要做的前三件事是资本，资本，还是资本。”

——Leonhardt（2010）

监管者或者没有足够的信息去理解风险变得多么集中，或者即使他们得到信息，也无法理解并识别风险。

——联邦存款保险公司主席 Sheila Bair（2010，28）

我们都是自我预想的囚犯。

——保罗·萨缪尔森（1973，11）

解决社会问题的现代民主方法是具体问题具体分析，卡尔·波普尔（Karl Popper）（1961，64～70）称其为“零打碎敲的社会工程”体系，它很少会上升到概念的高度，即贴上“原理”的标签，更不用说“体系”了；并且“社会工程”已经获得了极权主义的内涵，这是波普尔没有想到的。工程师并不是人类行为或美好社会的设计师。她只是完成了普通的任务：在需要的地方建造一座桥，为不顾后果的银行

业制定政策。具体问题具体分析的“社会工程”没有宏伟的世界观，它更像沉默的假设为现代社会的公民所接受。它吸收了初等和中等教育以及大众媒体所传达的民主合法性中未阐明的前提，它还吸收了政治家们永无止境的“政策争论”中隐含的假设。

这个假设只是在出现社会和经济问题时，政府应当解决它们。强制接受这一隐含假设的结果是，当出现社会问题尤其是经济问题时，人们会寻求政治救助。在资本主义自19世纪中叶以来的发展过程中，非社会主义民主已经通过这种方法提出问题。

但是，除了授权专门机构颁布法规以具体化民主支持的大方向，通常没有一种切实可行的方法可以解决社会和经济问题，因为细节过于复杂使得立法机构难以处理。于是，监管者无疑被迫依赖他们对造成问题的原因的理解（即他们的理论）。因此，每项法规都有它自己不为人知的思想史，在这之中，法律对存在的社会和经济问题的反应在“被人们轻率地称为‘思想史’”里使人们赢得或失去观点的对比（Converse（1964）2006，66）。如果政策制定者的理论是错误的或不完整的，他们颁布的法规可能产生意料之外的负面影响：新的或更糟的社会问题或经济问题。

如果发生了这种情况，那么在理论上，原来的政策可能被认为是错误的而被废止。但在现实世界里，很少发生这种情况。不论什么样的文化或认知因素使得支持错误法规的理论最初看似很合理，考虑到人类心理和思想史的一般连续性，这些因素很可能使人们将来不把意料外的影响归因于法规。

其他事情保持不变，那么后来的监管者往往认为他们所面对的问题是一种新的资本主义过剩，而不是先前监管者在资本主义法规上所犯错误导致的意想不到的后果。因此，我们可以非常合理地假定，监管者往往不了解旧法规在引起他们正在解决的问题上所发挥的作用，并且他们不是废止旧法规，而是增加新的法规，这为历史的重演和新法规之间相互作用（比如那些在第3章讨论过的相互作用）创造了新的可能性。

资本监管是以历史的无知为前提吗?

考虑巴塞尔协议Ⅰ，追索权规则，巴塞尔协议Ⅱ以及现在的巴塞尔协议Ⅲ。它们是资本最低限额的最新版本，用来防范强制性存款保险带来的“道德风险”，美国在1933年建立了存款保险制度。如我们在第2章所指出的，监管资本的最初理论是不考虑银行的挤兑风险（存款保险在很大程度上去除了这种风险），只有强制性资本最低限额可以保护银行免遭银行家们大胆地从事投机性投资的影响（如Bhat－tacharya等1998）。目前，这仍然是主流观点。例如，2009年3月26日，美国财政部长蒂莫西·盖特纳说：“银行的杠杆水平需要更强的标准来‘防范存款保险带来的道德风险’”（Graham 2009；参见Volck-er 2010，12）。可见，思想史上最初的经济主义趋势仍然运行强劲。

反过来，支持存款保险立法的理论是只有它才能阻止银行业恐慌，例如在大萧条初期席卷美国的银行业危机。立法者隐含地把银行挤兑归因于资本主义金融方法的脆弱。我们在第2章描述过这种脆弱，但脆弱的对象有时候可以作为缓冲，这似乎是银行家们在存款保险出现前，通过资本缓冲所做的。因此，法律学者加里·戈登（2008，2）告诉我们“从历史上看，恐慌似乎并不是银行业固有的特征。”另一方面，美国在1930—1933年间出现了大量银行业恐慌，在这段期间，有8 000家银行倒闭。要如何调和这两个事实呢?

Michael D. Bordo（1985，73）解释说“美国当时经历的恐慌对其他国家而言是历史的好奇心”（参见Selgin 1994）。美国这一不幸的例外情况也许是由一系列州和联邦法律导致的，这至少要追溯到1863年的国家银行法案，它们阻碍了银行券保险、银行分行制以及全国银行"结算所"（Selgin 1988，12～14；Dowd 1992b；Schuler 1992；Gorton 2009n27；Calomiris 2010，3）。[1] 因此，在大萧条期间，尽管美国正经历着历史上最大的银行业恐慌，加拿大却根本没有经历任何恐慌或银行倒闭。和美国一样，加拿大也还没有存款保险，而且加拿大还缺乏像美国那样抑制银行券保险、银行分支行制和清算所的法律（Friedman 和 Schwartz 1963，353ff.；Carlson 和 Mitchener 2006）。

在这种情况下，存款保险以及之后资本最低限额的所有变化可能是错误的，至少在美国，这些错误来源于新政、立法者和监管者的无知，他们不知道最近的银行业恐慌是以前的法规带来的意料之外的影响。新政的立法者受到可以理解的专注于解决当前问题的阻碍，他们提出了修补政策即存款保险，这的确防止了银行挤兑。但是立法者并没有获得（当时尚不存在的）学术成就的好处以正确地指出以前的州及联邦法律是造成1930—1933年间那波银行业倒闭的原因。此外，之前的法律有自身听上去很合理的原理解释，所以即使新政立法者意识到这些法律的存在，他们大概也不会想到现存的法律，而不是不受监管的资本主义银行内在的不稳定性本质，才是美国出现银行挤兑倾向的原因。

反过来，由新政立法者创建的新的监管机构即联邦存款保险公司，它别无选择只能制定强制性的资本要求以防止冒险行为，监管者（自我预想的囚犯）认为银行家现在免遭银行挤兑的风险，与过去相比，甚至更有可能在将来从事冒险行为。类似的偏见似乎已经引导了除加拿大外世界各地的立法者和监管者，加拿大直到1967年才制定了存款保险制度。

从巴塞尔协议Ⅰ到巴塞尔协议Ⅲ的“政策短视”

我们已经讨论过，资本充足率法规的内在逻辑是从资本最低限额引导到巴塞尔协议Ⅰ（1988），巴塞尔协议Ⅰ试图根据资本类别风险区分资本要求。同样的逻辑需要资本要求和资产风险之间有比巴塞尔协议Ⅰ的风险权重所规定的更加良好的相互关系，并且正如我们在第2章指出的，巴塞尔银行监管委员会在制定巴塞尔协议Ⅰ后，立即开始阐述这类基于有风险的“外部评级”的差异，以巴塞尔协议Ⅱ的形式，处罚那些不投资于各种高评级证券的银行。尽管巴塞尔协议Ⅱ的运行是一个持久的过程，美国监管者在阐述2001年的追索权规则时还是采用了相同的外部评级方法。

我们在第2章确立的初步证据可以把追索权规则看做导致美国金融危机最重要的原因。我们的证据绝不是结论性的，但它与我们注意到的其他证据并不冲突。我们在第1章指出的备择假设往往未经除经济学家的先验教条外任何事情所证实，并且被现有证据证明是错误的。

大部分经济学家自信地宣称找到金融危机的原因，尤其是那些赞同放松管制是金融危机的原因这一理论的经济学家，他们似乎最多隐约意识到当前资本监管的存在；并且那些注意到资本监管的经济学家对“未来政策”的一致意见似乎是：资本监管越多越好。斯蒂格利茨（2010a，162）提供了一个很好的例子表明政策短视是如何导致这一结论的：

> 很容易减少过度冒险行为：限制它并激励银行反对它。禁止银行使用鼓励过度冒险行为的激励结构并强制银行提供更多透明度，这还有很长的路要走。因此，也将要求从事高风险活动的银行提供更多的资本。

而这正是巴塞尔协议所做的：它们对从事被监管者看做高风险活动的银行规定更高的资本要求。斯蒂格利茨并没有想到要问为什么已经实施的资本监管显然是事与愿违的，或许是因为他没有意识到哪些监管符合他所推荐的模型。

例如，他写道："美国和许多其他国家的银行体系不关注贷款给中小企业，这些企业才是给任何经济创造就业的基础，相反，它关注促进资本证券化尤其是在住房抵押贷款市场"（2010a，6）。他一定没有注意到巴塞尔协议Ⅰ处罚贷款给中小企业，通过要求银行投资于商业贷款的资本是投资于住房抵押贷款的2倍，或者追索权规则要求投资于商业贷款的资本是投资于高评级住房抵押贷款支持证券的5倍，因为巴塞尔和美国监管者认为商业贷款比投资于高评级抵押债券的风险更大。[2] 但是，如果人们只知道一项政策的理论解释，那么似乎可以很"容易"制定正确的政策，特别是如果人们没有意识到正是这些政策可能在过去已经造成了人们正在试图解决的问题。

如果斯蒂格利茨的建议正确，巴塞尔协议Ⅲ将"前进"，要求比巴塞尔协议Ⅱ更高水平的资本。巴塞尔协议Ⅲ不会做的似乎是改变巴塞尔协议Ⅱ规定的风险池以及资本充足率监管的整个方法即根据"风险水平"调整资本要求。因此，与巴塞尔协议Ⅲ更高的资本要求相联系的是，银行处于更大的压力要投资于低风险权重的资产，如住房抵押贷款（巴塞尔协议Ⅱ规定35%的风险权重，这比巴塞尔协议Ⅰ对资本要求少30%）、AA和AAA级资产支持证券（风险权重为20%）或政府债券（风险权重依评级而定）。

根据巴塞尔协议Ⅱ，BBB级政府债券及其衍生品的风险权重为50%，A级政府债券的风险权重为20%，AA和AAA级政府债券的风险权重为0（表2.1）。巴塞尔协议Ⅲ显然延续了这一权重表，即使它可能已经鼓励银行过度投资于高评级的政府债券。2010年4月21日，穆迪将希腊政府债券从 A－级下调至 BBB＋级，这突然要求持有这些债券的银行为此增加 150% 的资本并引发了一场“较小的”欧洲金融危机，如我们所知，这场危机尚未完全解决。仅法国和德国的银行就持有 2 060 亿美元的希腊政府债券以及 2 440 亿美元的葡萄牙政府债券和 7 270 亿美元的西班牙政府债券，而这些 AA 级债券的风险权重均为 0（Brereton 2010）。主权债务的大量购买降低了筹资的成本（即这些政府对其债券支付的利息），这可能鼓励了政府如此大规模地借贷。[3]

我们并没有暗示下一次重大金融危机将由银行根据巴塞尔协议Ⅱ或Ⅲ过度投资于政府债券造成。现代世界过于复杂，甚至不允许“专家”对未来事件作出准确预测（Tetlock 2005），况且我们不把自己看做专家。我们只是强调狭隘的见识，它起因于我们从第 1 章起所称的“政策观点”。我们的观点是，即使好的政策制定都可能受到这一观点的损害，更不用说对造成过去或现在的政治、经济问题的原因的学术研究。人们普遍认为银行持有的住房抵押贷款支持债券和政府债券应该分别对这两次金融危机负责，如果在两次金融危机的两年内，巴塞尔监管者还没有问问自己是否他们在 2004 年对这些资产采用的风险权重很可能并没有导致银行不成比例地积累它们，那么监管者似乎不太可能比诺贝尔经济学奖得主更加愿意“回顾过去”，即寻找 19 世纪的因素，它可能通过一个长期被忽略的因果顺序造成当前的问题，如我们在本章开头描述的例子。

追索权规则的责任

监管者的任命没有不可逾越的障碍，他们比巴塞尔监管者看上去拥有更深的历史观。例如，联邦存款保险公司的负责人 Sheila C. Bair（2010，21）向金融危机调查委员会证实，造成金融危机的一项监管失灵是“对持有评级工具的监管资本要求远低于对直接持有这些有毒贷款的监管资本要求”，即持有非证券化的次级住房抵押贷款。Bair 指出，对证券化的次级住房抵押贷款规定相对较低的监管资本要求是由于监管者“在 2001 年”降低“对高评级证券的资本要求”（29），也就是说，它来源于追索权规则。这至少说明 Bair 回顾了 9 年。

显然，Bair（2010，28）承认，颁布追索权规则的监管者“无法理解并识别风险。”然而，Bair 没有进一步得出结论：我们应该考虑废除国民银行法案及其后续法案，因此，废除存款保险并结束对诸如追索权规则这类法规的需求。她的历史观没有延伸到那么远，我们也没有暗示即使历史观能延伸到那么远，她就必然会同意我们在一开始提到的历史学家的结论。

那么毫不奇怪，Baird 并没有从危机中得出任何关于监管者犯错的更大教训。的确，她把金融危机归咎于这个事实：市场受到评级机构协助证券化的鼓动，它没有阻止过于轻易得到的信用增加，结果造成巨额经济损失。对她而言，金融危机的教训是“市场并非总能自我调节和自我修正”（2010，23）。这令人感到奇怪，因为 Bair 承认追索权规则的作用，而它毕竟结构化了“市场”。Bair 似乎争论认为，市场是能够“自我调节和自我修正的”，不论监管者做什么都不重要，因为“市场”将会纠正任何错误的法规。但是，如果市场果真如此完美以至于它能够纠正错误法规，那么为什么还必须要监管它呢？

Bair 击倒的是稻草人，在这个过程中，令联邦存款保险公司、美联储、货币监理署和储蓄机构监理局摆脱了颁布追索权规则的困境。情况是这样吗？“知情的”市场参与者对“市场”的主流模型是必不可少的（例如，Samuelson 1973，48，69），他们本应该知道监管者所不知道的，即评级是不可信的，因为评级者受法律保护免遭竞争。这些市场参与者还应该知道，在房地产泡沫时，不论住房抵押贷款支持证券的评级是什么，投资于它将是损失惨重的；而且他们还应该知道这是房地产泡沫。如果他们知道这些事情，银行家们就会承担更高的资本费用，这些费用是巴塞尔协议 I 和追索权规则对贷款及除了政府债券、住房抵押贷款和 AA/AAA 级私人抵押支持证券之外的投资所规定的。总之，如果经济人是无所不知的，那么政治人在 1988 年和 2001 年所做的也就不重要了。

显然 Bair 是正确的，严格地说：在夸大的意义上，市场并非自我纠正的。银行家们根本不是无所不知的。因此，考虑到 Bair 认为理想的“市场”类型是如此完美以至于监管行动甚至不可能扭曲它们，金融危机可以被看做市场失灵，未来金融危机一定可以通过更多相同类型的法规（带有更高资本水平的风险加权资本充足率法规）得到避免，当监管者在实施 2001 年的版本时，没有预测到其负面影响。或许监管者将在下一次纠正它。这似乎也是财政部长盖特纳的信念，尽管他在试图承认监管者的错误和无知在人类事务中的作用上值得称赞。

我们认为，Bair 同盖特纳一样，陷入了知识陷阱，但她摆脱它的方式遵循了和斯蒂格利茨建议的同样不切实际的道路，正如我们在第 1 章所知的：以某种方式纠正法规，然后它们自然会运行良好。尽管斯蒂格利茨同 Bair 和盖特纳一样拥有相同的“前瞻性”天真，并且他似乎没有意识到具体的监管失灵（追索权规则），而 Bair 提到了这一点，但是他的确对当前的监管失灵（包括追索权规则）提供了一种比 Bair 更好的解释。

斯蒂格利茨的观点是，监管失灵是由监管者的自由市场观念造成的，斯蒂格利茨（2011，143～144）认为，这种观念阻止了监管者使用他们拥有的或能轻易获得的监管权力。这对资本充足率法规（包括追索权规则）而言并不完全正确：金融监管者并不缺乏他们要求的任何权力，并且他们使用自身拥有的全部权力。回想一下，问题在于他们不明智地使用这些权力。但是，我们认为斯蒂格利茨正确地引入了观念错误作为监管失灵的来源这一概念。

金融监管者的意识形态

斯蒂格利茨把讨论中的意识形态描述成"基于完全信息、完全竞争和完美市场的这些不切实际的假设"，这还涉及事实的核心。然而，就资本充足率的监管者而言，显然没有这种观点，即斯蒂格利茨（2011，144）宣称的"监管是多余的"。实际情况比这复杂得多。

完全信息、完全竞争和完美市场的信徒，例如芝加哥学派的乔治·斯蒂格勒（George Stigler），在主流经济学家中，他们的观点处于一个极端，而观点的另一个极端中最著名的是斯蒂格利茨（Boettke 1997）。斯蒂格勒和斯蒂格利茨之间的分歧大概是以政治性的意识形态为特征，但他们代表的观点有一个共同的非政治性的意识形态，我们把它称做"经济主义"。正是这种意识形态，而不是"自由市场的原教旨主义"，提供了监管者的假设。

经济主义有两个组成部分。第一个组成部分认为完美市场代表了理想标准，可以根据它判断现实世界的资本主义。当资本主义显示出完美市场的特征，则应当任其自由发展；当资本主义没有显示出完美市场的特征，则应当对其进行监管。芝加哥学派的经济学家认为现实世界的资本主义非常接近理想标准，而斯蒂格利茨认为市场失灵似乎非常普遍，以至于"总是存在能够增加每个人福利的政府干预"（斯蒂格利茨 2010a，243）。

经济主义的第二个组成部分假设大部分（如果不是全部）现实世界资本主义与理想标准之间的偏差是由激励不一致造成的，例如"道德风险"。有人可能认为，斯蒂格利茨（2011，144）把"完全信息"

定义为一个理想化的品质，而这种品质是现实世界资本主义所缺乏的，这表明他认为人类的无知而不是激励不一致构成了完美市场的一大障碍。但他获得诺贝尔经济学奖是因为他对不对称信息理论所作的贡献，不对称信息理论实质上把市场无知简化为有信息一方（如二手车交易商）故意隐瞒信息，因为这么做符合他们的自身利益（例如，Grossman 和斯蒂格利茨 1980；斯蒂格利茨和 Weiss 1981；Akerlof 1970）。知识问题由此转变成激励问题（埃文斯和弗里德曼 2011）。

在危机之前 Bair 对市场冒险地“自我纠正”本质的幻灭进行了后危机表述，这似乎把她推向芝加哥学派一端。但如果 Bair 曾相信市场是完美的，她就会在危机之前呼吁废除资本充足率法规。经济学家们把资本充足率法规看做解决由道德风险或一系列道德风险带来的市场失灵的一种监管方法。首先，当存款人怀疑银行家使用他们的钱进行大胆的投资，而且这些投资可能无法清偿，结果令存款人蒙受损失，他们就会去银行挤兑。然而，存款保险只是加重了道德风险，因为一旦建立存款保险制度，银行家摆脱了由于担心银行挤兑会对他们把银行资金从事大胆投资的动机所施加的“纪律”。反过来，如果这个问题通过要求银行维持固定的资本最低限额得到解决，银行家仍然有动机去使用法律所允许的一切手段来购买他们能获得的高风险资产。而根据风险调整资本要求将会缓和这一问题。因此，从存款保险到资本最低限额，再到风险权重（巴塞尔协议 I），这些进步也是经济学家在此问题上进步的痕迹。在每一个紧要关头，资本主义都受到了监管，因为市场背离了理想标准即市场失灵，并且每一次市场失灵都是由激励问题造成的。

然而，巴塞尔协议 I 规定的风险权重宽松，这还为道德风险的产生留下了相当多的机会。例如，银行通过保留大量权益性证券来吸收资产池中违约的损失，鼓励销售证券化资产，这使银行面对高风险的违约。巴塞尔协议 I 允许这一点，它无差别地将所有证券化资产（实际上，除了政府债券、住房抵押贷款和半公开的公司债务之外的所有资产）规定 100% 的风险权重，尽管权益性证券、中间层证券和优先级证券的风险水平完全不同。

那么，应当如何区分证券化资产的风险权重以更好地反映其信用风险呢？这是追索权规则要回答的问题。追索权规则制定的解决办法是把它委托给金融市场，斯蒂格利茨认为金融市场的“工作”是“搜寻相关信息，并根据有限的信息作出有关风险和收益的判断。”这就是为什么监管者求助于评级机构。监管者认为，金融市场赞同评级机构的评级。毕竟追索权规则指出，“投资者依赖评级来作出投资决策，这种依赖对评级机构施加了市场纪律并对它们的评级给予市场可信度。市场对评级的依赖进而使评级机构相信，出于监管资本的目的把评级看做衡量资产风险的一个重要因素是恰当的。”[4]

这种语言不可能很好地表达了自由市场观念，或者制定追索权规则的监管者最初本不应该通过资本充足率法规，从事约束银行家行为的工作。因此，例如在回应金融监管者的 1997 年追索权提案时，“批评家表达了对使用评级机构的评级以确定资本要求的一些担忧”，他们认为“银行组织比第三方更了解它们的资产。”监管者在 2000 年作出了回应说，“评级的优点包括相对客观、应用普遍、被投资者和其他金融市场的参与者所依赖。评级为衡量信用风险提供了一种灵活、高效和市场导向的方式。”[5] 大体阅读后发现这篇文章支持自由市场观念，比如金融监管者重复使用“市场规律”以证明他们求助于债券评级机构是合理的。但是，监管者决不会考虑允许银行家作出自己的风险判断，自由市场理论家也会坚持这一点；“以市场为导向”的评级此时用来对抗 1997 年批评家的观点，他们认为银行家才能最好地判断风险。

于是，理解监管者意图的关键不是将自由放任的承诺转嫁给他们，而是理解他们在2000年时对灵活条款的使用。这一条款重新提到了最初使用信用评级的部分阐述，如在1994年追索权规则的初步提案中表述的。当时，金融监管者建议使用信用评级将“增加监管资本要求的灵活性……其考虑了在那些证券化资产中，与吸收一级损失（权益性证券）和吸收二级损失（夹层证券）的信用增级以及优先级头寸相联系的是不同程度的信用风险，并对这些不同头寸给出了正式的信用评级。”此外，信用评级还能“用于大型、多样化的非均匀资产池，例如小企业贷款，因为市场将决定得到不同信用评级所必需的信用支持水平。”[6]

监管者继续说，“这一体系的灵活性”在使用超额抵押为首先吸收损失的证券提供增级的交易中十分明显，因为过剩资本量会根据标的资产的质量等因素而有所不同。为了提高资产池的信用质量以达到投资级水平，一个资产池可能需要5%的超额抵押，而另一个资产池可能需要20%的超额抵押……使用信用评级确定对首先吸收损失的保护金额，这为金融监管机构提供了一种十分灵活的方法来识别何时达到充足的吸收一级损失证券的头寸和何时达到吸收二级损失证券的头寸（低评级的夹层证券）。[7]

正如巴塞尔协议Ⅰ通过制定不同的风险权重抛弃了固定的资本最低限额的不灵活性，美国金融监管者想要抛弃不灵活的风险权重，这些风险权重并没有区分不同证券化债券之间的风险。对纠正道德风险的可能性这一共同愿望正在每种情况下起作用。同样的，国际清算银行的经济学家负责调查是否继续实施巴塞尔协议Ⅱ提出的资本充足率法规以评级为基础的方法，他们主要关注由证券化资产评级的“发行人支付”体系带来的“利益冲突”所造成的道德风险（国际清算银行 2005，25～26）：也就是说，资产支持证券的创建者支付评级机构对证券化资产进行评级，这激励评级机构发布创建者认为最有利可图的市场评级（White 2011）。然而，根据国际清算银行的团队，评级机构维持良好声誉的激励抵消了这种潜在的激励不一致，正如我们在第 3 章讨论的。不论怎样的激励，评级机构可能不知道如何准确为证券化资产评级的这种可能性没有被人们注意到，因为国际清算银行的经济学家似乎尚未意识到评级机构：（1）美国证券交易委员会制定法律保护其免遭竞争，（2）其职员是易犯错的人类。[8]

会计监管者的意识形态

我们详细分析了金融监管者的经济学假设，因为我们不希望斯蒂格利茨关于意识形态重要性的见解沦为对“意识形态”是什么的狭隘解释。意识形态不仅仅属于政治承诺或教条领域。意识形态是一种启发式方法，易犯错、无知的人类通过这种方法试图理解世界。

政治意识形态似乎是相对消息灵通的政治精英们更经常使用的一种启发式方法，这些政治精英与关注其他问题的人们相比，试图理解更多政治信息。然而，考虑到意识形态作为启发式方法使我们得以驾驭复杂的世界，斯蒂格利茨正确地指出了监管者（我们会加上学者）[9]，也可以进行意识形态式思维。但在这些情况下，思想家可能同时致力于理论意识形态和政治意识形态。的确，这更有可能出现在技术官僚之中，而不是“普通公民”，因为技术官僚（监管者及其学术顾问）特别需要一种分类机制，帮助他们剔除无关信息，以免他们的思想中充斥着关于专业知识话题的琐事——他们的想法只是呼应了大量无组织的数据所制造的“唧唧喳喳的混沌”。社会科学的范式，如经济主义，能提供所需的认知指令，但付出的代价是为技术统治论者穿上概念性的紧身衣。

就金融危机而言，监管者的行动是以理论经济学家判断的最佳经济理论为基础（Acemoglu 2011；Colander 等 2011）。在目前的特定情况下，最重要的经济理论是与存款保险相关的道德风险理论，该理论向金融监管者证明更加复杂的资本充足率法规是正确的，这在第 2 章讨论过了；它还证明了一个基本经济学观念也是正确的，即证券市场需要按市值计价资产提供的“透明度”，以便投资者能够获得作出利己决策并实际上达到他们的目的所必需的“完全信息”（例如，斯蒂格利茨 2010b，156）。这个经济主义版本支持第 3 章讨论的会计法规。

当然，透明度会受到“信息不对称”的阻碍。信息不对称的一个例子是公司对股东隐瞒已知信息；按市值计价便作为一种补救措施。支持按市值计价所要解决的特定信息不对称的是公司高管有向股东隐瞒损失的激励。但是，监管者默认的假设是不考虑这种道德风险（即市场受到了按市值计价会计法规的监管），“市场价格”会接近于完全信息；因此，为了达到这一目的，人们把市场价格写入法律。

再有，监管者绝不是自由市场的原教旨主义者：由于道德风险的存在，他们不相信不受监管的市场。然而，人们再一次认为，只要法规消除了道德风险的存在，市场就是可以信任的。因此，颁布了美国财务会计准则第 115 号和 157 号。

在监管者中，“意识形态的”行为是可以预料到的。但我们并不是说监管者很可能是教条的或“非理性的”。我们只是想说监管者也是普通人。同其他人一样，他们别无选择，只能采取行动，且这些行动与他们对其监管的社会运行方式的理解相一致。这未必是一件坏事：一种意识形态或“信仰体系”很可能是正确的，或者大部分是正确的。这取决于信仰的准确性。但是，如果一个人并不认同经济学家对完全信息的默认假设（不考虑信息不完全，如道德风险），那么他不得不承认错误可以潜入任何人的思想，包括那些理论信仰体系和政治信仰体系包含的思想。出于这个原因，思想史绝不是一段真理逐步胜利的历史（至少社会科学的思想史绝不是这样）。并且出于相同的原因，监管者和被监管者一样很可能容易犯错。

普遍存在的无知

世界变得越复杂，我们认为人为错误的问题会变得越严重。因此，监管者对“外部评级机构”的信任也获得许多投资者的认同。例如，考虑到有钱并且经验丰富的投资者，通常是机构投资者，他们买入2只贝尔斯登发起的次级住房抵押对冲基金。由于人们日益担心持有这些对冲基金的价值，导致这些对冲基金在2007年6月22日的消亡，当时母公司不得不救助它们。后来，人们对贝尔斯登自身持有的次贷的持续担忧，引起了一场典型的按市值计价恐慌（Cohan 2009，307～308和passim）并最终导致这家投资银行在2008年3月破产。

贝尔斯登的两只对冲基金份额一直进行市场推广的销售言辞可比做“破碎的留声机唱片……这基本上是说，‘基金有90%投资于AA级和AAA级结构性金融资产’”（Cohan 2009，311）。对那些知道评级机构的地位受法律保护的人而言，他们既不会对那些销售言辞留下深刻印象，也不会对评级机构的评级变得不再可靠感到震惊。但是，对那些不知道评级机构受法律保护的人而言，AA或AAA评级就似乎变成极其重要的信息了。

因此，当穆迪忽然在2007年下半年宣布下调某些AAA级私人抵押支持证券的评级后，那些大型投资公司（如先锋集团、太平洋投资管理公司和黑岩集团）的高管们纷纷通过大量电子邮件向穆迪的高管宣泄愤怒：

“如果你们不能在事情发生前计算出损失，那你们的评级有什么用?”一名富通集团的高管在2007年7月写给穆迪的一封电子邮件中这样问道，这是一家货币管理公司。“你们使这些事情合法化，引导人们陷入了危险的风险之中。”（Morgenson 2008，32）

如果这些投资者早知道无论穆迪、标普和惠誉的评级多么不准确都会生意兴隆，他们肯定不会在评级变得不准确时如此震惊了。我们可以想象，他们和巴塞尔银行监管委员会以及美国金融监管者一样感到惊讶。

事后看来，这三家评级机构的核心错误似乎是它们进行风险评估时所使用的数学方法，例如 Gaussian Copula（Coval 等 2009；Jones 2009），来预测住房抵押贷款支持证券的违约率。类似于投资银行在关于“风险”可预测性的假设中所使用的在险价值公式，这些钟形概率曲线受到了 Nassim Taleb（2005 年和 2007 年）的批评，因为它们天真地依赖用过去的模式预测未来。在与三巨头公开竞争的过程中，另一家评级公司可能已经暴露了这些模型的问题，或者至少引起了对它们的质疑。如果你无法想象一家由直言不讳的 Taleb 经营的评级公司，那么如果美国证券交易委员会合法地进入市场壁垒没有实施的话，在三大评级机构中存在的大量心怀不满的雇员早在 2000 年就应该能够开办一家竞争性的公司了。标普公司总经理 Frank Raiter，“和穆迪公司总经理 Mark Adelson 说，他们为信用审核进行了一场必败之战，信用审核关注借款人的支付能力和私人抵押支持证券的标的抵押品的价值”，即住房抵押贷款本身的价值。“现年 48 岁的 Adelson 在重新分配并离开住房抵押贷款支持证券业务后，于 2001 年 1 月辞去他在穆迪的工作”，他告诉记者，在他看来，“不存在基本信用分析的替代品”（Smith 2008a）。

我们只能推测如果存在其他策略的话，这些策略也许已经被评级机构的竞争者采用了。例如，我们可以指出证券投资评级是完全竞争市场，它不仅包含像晨星（Morningstar）这样的公司和像投资者商业日报和福布斯这类出版物，它们对股票和共同基金进行评级；它还包含许多不同的评级方法，从“技术”分析（这类似于评级机构使用的历史概率评估）到“价值”投资（这类似于 Adelson 和 Raiter 倡导的基本信用分析）。[10]

由于美国国会在 2006 年给美国证券交易委员会施加了放松监管的压力，全国认可的统计评级机构扩展为 10 家，其中有 4 名新成员，包括 2008 年新加入的 Lace Financial。到 2010 年，Kroll 公司作为一家成功的“企业侦查”公司，以 19 亿美元收购了 Lace 公司及其全国认可的统计评级机构地位。Kroll 计划执行“审慎调查”，这将超过债权发行者提供的信息（Lucchetti 和 Neumann 2010），也就是说，包含了概率评估和基本信用质量抽查两部分内容。Meredith Whitney 是一名银行分析师，在金融危机期间，她比大部分人在识别银行弱点方面更有预见性，她还在 2010 年 11 月宣称她正在向美国证券交易委员会申请一张全国认可的统计评级机构的许可证（Varghese 2010）。不幸的是，对全国认可的统计评级机构监管的放松来得太迟，无法预防金融危机。

当然，竞争的债权评级者未必需要获得全国认可的统计评级机构地位：他们本应该以一定的价格向投资者提供他们的评级。但是价格被限制了，因为投资者显然不知道这一事实，即不是评级的准确度而是法律保护才是三大评级机构持续存在并盈利的基础。债权评级机构免遭竞争的事实，时至今日，在学者中并非广为人知，更不用说财经记者了，并且如果这些模糊的事情没有被报道出来，债券投资者就不大可能知道这些。[11]

于是，购买AAA级抵押支持证券的投资者似乎与所有人具有相同特点，即无知，它令“金融”监管者、“证券”监管者和“退休”监管者苦恼（第3章）。这些人都没有注意到一个重要事实，而这个事实可能已经削弱了他们对评级机构的信任。

极端无知

当然，他们有各种激励去了解所有重要事实，但是只有当一个人已经知道那些值得学习的事情时，激励才能有效地对抗无知。如果你没有意识到穆迪、标普和惠誉受法律保护，那么所有的激励都不足以让你观察到它们是否真的受法律保护，也就是说，你不会想到它们可能受法律保护，因为这对你而言是“未知的未知”。在那些有时被称做“极端无知”的案例下，激励是无效的（Ikeda 2003）。所有主流“经济学”模型，包括所有“信息经济学”模型，都没有考虑极端无知（Evans 和 Friedman 2011），也许是因为，这类无知不受激励的影响并且不能通过基于激励的政策修复得到纠正。

极端无知会干扰市场，甚至在那些能够发现并共享信息的所有激励之间完全相容的市场。我们认为，这正是斯蒂格利茨拒绝承认凯恩斯提出的“不确定性”而不是相对的“风险”的十分重要的原因（第1章）。我们这里选择斯蒂格利茨，是因为他在质疑完美市场的主流观点方面作出了最著名的尝试，完美市场观点是以完全信息为前提（例如，斯蒂格利茨 2010a，242～243）。但是，这一尝试忽略了极端无知这一概念，因而失败了。并且斯蒂格利茨忽略它的原因似乎是他的经济学家式承诺，即减少所有激励问题带来的市场失灵。

假如资本主义本质上受极端无知的影响，因为资本家都是人类，又假如极端无知十分重要，那么由于极端无知以相等的概率扭曲了任何人的预测，包括监管者，因此，“激励很重要”这一事实并不能构成资本主义优于社会主义或者资本主义优于密切监管下的资本主义的基础（如果存在任何基础的话），其中巴塞尔协议的每个版本都在朝着密切监管的方向迈进。但是，我们如何能够知道极端无知的确非常重要呢？

实际上，我们认为极端无知很重要的原因是内省的：我们都十分清楚自身的极端无知，因为我们经常感到惊讶。我们经常对意外事件或意外发现感到惊讶，也就是说，一件未知的陌生事件发生了或被发现了（当前经济学认识论只能解释故意制造的惊喜，如惊喜派对，主宾得到的惊喜对派对的组织者而言是已知的已知，这个例子说明了当前经济学认识论的困境）。然而，对那些比我们更有先见之明的人而言，金融危机可以作为解释极端无知重要性的一个重要证据。

资本主义的银行家似乎同其他投资者一样不知道即将发生的事情，他们也和监管者一样无知。我们已经看到（第2章），总体而言，银行家偏好安全性而不是收益性。这表明银行家并没有忽视他们已知的风险。相反，他们忽视了这个事实：AAA级证券可能实际上风险很高。不幸的是，这个证据是间接的。正如Tarullo（2008，143）在略微不同的背景下写道，“理论研究还没有伴随着似乎合理的附属物，即简单地询问银行高管”他们做了什么，为什么那么做。不过，幸运的是，我们掌握着有关两名重要投资银行家的直接证据，这两位投资银行家分别是Ralph Cioffi和Matthew Tannin，他们经营着两只贝尔斯登的次贷对冲基金。

正是Cioffi向投资者不断地重复这个事实：基金资产有AA或AAA评级。不仅他的客户相信他的论调，他自己也对此深信不疑。因此，从2006年12月至2007年2月次贷违约的消息开始蔓延并且次级债务担保证券的信用违约互换保险的价格逐渐上涨，他由于对其客户说谎而遭到了指控（Cohan 2009，311～312）。为了消除客户的疑虑，Cioffi报告说他正在出售次级债务担保证券，而在此期间，他实际上是在购买它们。他一定是相信通过使高评级的次级证券加倍，他将为投资者带来丰厚的收益，这样就不会有投诉记录在案，也不会有调查揭露他的欺诈性陈述。他错了：对冲基金消亡，然后进行调查，最后出现审判。惊喜！

Cioffi 的伙伴 Matthew Tannin 也相信评级。Tannin 追随了艾伦·格林斯潘（Zandi 2008，72～73）和本·伯南克（2005），否认存在全国范围内的房地产泡沫和某些城市的地方性泡沫（Cohan 2009，305）。FBI 揭露的他写给 Cioffi 的电子邮件表明直到 2007 年 2 月 28 日 Tannin 仍相信购买次贷是一个好主意（Cohan 2009，322），刚好是贝尔斯登的对冲基金消亡的四个月前。Tannin 和 Cioffi 都有上百万美元投资于他们经营的两只对冲基金，并且 Cioffi 只是在 2007 年 3 月 23 日才从他投资于这些基金的 600 万美元中撤出了 200 万美元（Cohan 2009，325），因为他当时开始管理一只新基金，他显然需要向这只基金兑现他的承诺。然而，有人可能会说，Tannin 直到 3 月 28 日，仍然“在思想上”致力于他和 Cioffi 所宣扬的：“‘我简直难以理解那些到处欺骗评级机构的人’，他写道，‘我之前就看过这些了。聪明的人太自以为是了’”（326）。

直到对冲基金消亡的两个月前，也就是 2007 年 4 月 22 日，Tannin 才开始有所怀疑。一份新的有关次级债务担保证券的内部调查向他建议“次贷市场看起来十分低迷。如果我们认为（新的债务担保证券报告）接近准确的话，我认为我们现在应当关闭基金”（Cohan 2009，328）。这是一封令人苦恼的电子邮件快结束的时候的内容，在这封邮件中，Tannin 回顾了他是如何热爱他和 Cioffi 的工作，以及他毫不怀疑“我已经做了我所能做得最好的工作。错误，是的，我已经犯了错误”，他承认，但“每个人所能做的就是他们能做得最好的，并且我已经这么做了。”

如果Tannin和Cioffi要对什么事情感到内疚的话，那就是他们错误地相信了评级。2009年11月9日，陪审团对他们故意犯这种错误最终作出了无罪宣判。

Cioffi和Tannin几乎是世界上最优秀的两名银行高管，他们已经知道高评级的次级证券存在着过度风险。贝尔斯登在高峰时期即2005—2006年，每年将610亿美元的次级贷款证券化（Luce 2009）。Tannin在与Cioffi一起为贝尔斯登的对冲基金购买证券化资产之前，有7年时间密切参与了证券化过程本身，又有两年时间研究了证券化资产的估值（Cohan 2009，283）。相比之下，购买这些证券的商业银行雇员们通常不会知道有关这些证券的很多信息，他们只知道这些证券是AAA评级。如果Cioffi和Tannin都不知道“真正的”风险，尽管他们知道所有激励，我们有理由认为，商业银行家和他们一样无知。

在银行的企业等级制度下，这对于职位在Cioffi和Tannin之上的高官们似乎也是正确的。当Cioffi和Tannin所出售的证券市场枯竭的时候并且贝尔斯登不得不承担损失的时候，银行固定收益部门的首席运营官保罗·弗里德曼报告了每个人是多么的困惑：“当时，我们仍然相信AAA评级就意味着AAA评级，并且我们都相信这些证券被十分合理地结构化了”（Cohan 2009a，365）。大约在2007年的同一时间，美林证券公司是另一家最终破产了的独立的投资银行，该公司“固定收益部门的成员向（首席执行官E. Stanley）O’Neal报告说他们正在减少公司的次贷风险敞口，但在该部门以及风险和财务部门中没有一个人提到资产负债表中债务担保证券的积累。”一名美林公司的前高管告诉《纽约客》：“我只能相信他们以一种不同的方式看到了债务担保证券的内在风险。这些证券都是 AAA 评级”（Cassidy 2008，88）。

先锋集团、太平洋投资管理公司和黑岩集团的货币经理以及世界各地的投资者都犯了相同的错误。当然，这实际上也是美国证券交易委员会和世界其他国家的银行业监管者所犯的错误，他们通过在追索权规则和巴塞尔协议Ⅱ中规定根据评级加权风险，调整了巴塞尔协议Ⅰ中不完善的风险权重。所有这些人都是普通人，他们都犯了相同的错误。

错误根植于极端无知，其最终原因是我们的认知能力和我们试图理解的世界的复杂性不匹配。2010 年 10 月，《纽约时报》采访了著名的经济学家为什么他们不能在一些政策问题上达成一致，如美联储是否应当进行第二轮“量化宽松”或者“QE2”。在经济学家中，几乎不存在一个更好的激励去发现解决这些分歧的方法：如果一位经济学家这么做了，他立即就会赢得诺贝尔经济学奖。但是人们至今仍未发现的是极端无知的客观存在，因此，我们对于分歧的存在不应当感到惊讶（参见 Popper 1961）。[12]

然而，极端无知的来源是什么？在回答《纽约时报》的提问时，罗伯特·索洛（Robert Solow）认为这可以类比经济学家在一项政策上的合理分歧，与 QE2 不同，这项政策已经实施，因此本身并不涉及有关预测未来的艰巨任务：即他们在奥巴马政府已经于 2009 年初颁布的经济刺激法案的影响上存在的分歧。“它在过去的一年半按计划进行”，索洛说，“但这不是一个孤立事件。那些对就业和实际 GDP 产生影响的许多其他事情正在发生”，并且这些事情中的任何一件或者会抵消法案的正面效应，或者会隐藏它的负面效应。

无知、错误和分歧

经济学家 Dan Ariely 对这一讨论增加了一条重要意见。“如果你有一个简单的问题”，他说，“你可以提供一种简单的解决方案。但现实经济是一个十分复杂的问题。所以我们要么简化问题并提出解决方案，要么什么也不做并接受复杂性”（Segal 2010）。

我们猜想 Ariely 是在建议我们简化问题并采取行动：这种理念必然由政策倾向产生，而政策倾向又受到了解决社会和经济问题的现代民主文化的鼓励。如果没有我们严厉批评的那些模型所带来的简化，经济学家就不会提出任何政策建议，也没有其他任何人能够提出。但是所有的简化都包含了过度简化的风险，结果产生了错误的政策建议。

然而，在理解复杂的世界时，我们的知识受到文化背景、寿命以及脆弱的逻辑能力和想象力的极端限制，对人类情况的无奈并不是我们必然能够得到的结论，因为存在许多（断断续续地）绕过这些认知局限性的方式。

自然科学家使用控制试验来判断那些彼此竞争的、可能出错的理论。通过这种方式，他们共同弥补了每一位科学家不可避免的无知和错误。不幸的是，只有当社会科学根本不是真正的“社会”的时候，控制试验通常才会有效。心理学的实验室试验可以揭示在大多数个体中存在的潜在基因常量（尽管人们很容易把那些实际上是某一特定历史时期的大学生所特有的品质误认为是心理学的不变量，因为大学生通常是心理学试验的被试者）。但当谈论到理解“现代社会”是如何运行的时候，我们进入一个领域，在这里，每一个调查主题都具有历史的独特性，用术语讲就是“路径依赖”，也因此它不适合作为一般化的基础。时间的箭头只有一个方向，所以有关一个历史事件的结论未必能够扩展到另一个历史事件，更不用说未来了。并且如果现代经济真如索洛和 Ariely 所说是“复杂的”，也就是说，考虑到人类的局限性，我们难以解释，追溯和预测几乎一样困难。

例如，由于2007 年爆发的金融危机可能在很大程度上是由资本充足率规定造成的，我们当然不能说 1997 年的亚洲金融危机也是如此。存在着太多已知但具有历史独特性的变量，如各国汇率和资本流动，还存在着太多未知的陌生事件：谁能提前说出这样一项调查研究，它有可能揭示所有相关国家的法规对亚洲金融危机的影响?

然而，一个不完美的类似于自然科学的控制实验能够在高度资本主义的经济中找到，而社会科学支持下的监管者正试图完善这种经济。同自然科学一样，这种机构是包含“竞争”的试验。我们所说的这种竞争并不是人际间的对抗。我们指的是由竞争的资本主义企业分配不同且容易犯错的直觉、启发式方法、理论甚至强调一家公司如何在具体的环境中盈利并避免损失的“意识形态”。

我们并不是说“完全竞争”是必需的或者甚至是可取的，我们也不是说“市场纪律”将以某种方式激励资本家克服他们的极端无知。我们不是指向企业的数目或者企业家的坚持不懈，而是他们共同发挥作用的观点的不均匀性。

考虑追索权规则的影响。尽管表 2. 3 所列的全部数据表明了该法规得到了预期效果，即总体而言，银行家转向了风险权重更低、更安全的债券，但是不同银行这么做的程度各不相同。由于他们彼此竞争，他们采用了不同方法回答这个问题：盈利在哪里以及如何避免损失。

在瑞士的最大银行——瑞士联合银行（UBS），Peter Kurer 主席承认“人们并没有问太多关于 AAA 评级的问题”，所以银行大量投资于 AAA 级次级证券，尤其是债务担保证券，并遭受巨额损失。然而，在德意志银行，内部风险控制缩减了这类投资（Tett 2009a，136）。花旗集团在其资产负债表上累积了100亿美元的住房抵押贷款支持证券，但它几乎不能维持任何可用的资本缓冲，所以它触及了5%的一级资本下限，然后开始持有表外结构性投资工具中的债务担保证券（见附录Ⅱ），在资产负债表外积累了250亿美元的结构性投资工具（Tett 2009a，136）。但是，摩根大通公司的首席执行官杰米·戴蒙认为模仿花旗集团的做法过于冒险（124～128），尽管不这么做的成本是摩根大通由于它相对较低的杠杆水平，只能获得很低的短期收益（如上，117）。

摩根大通以8%～8.5%的一级资本比率为目标，带来了高于一级资本下限3%～3.5%的“真实”资本缓冲（见第2章）。具有更高的一级资本水平后，摩根大通还能增加其二级资本中的贷款损失准备金水平（Rieker 2010），因为巴塞尔协议Ⅰ规定二级资本以一级资本为上限。贷款损失准备金是一种资本储备，与大多数资本不同，它实际上是被“留出”用来预防违约而不是对借入资金的投资。戴蒙还增加了摩根大通的风险监控全体职员的工资（同上，115）。此外，早在戴蒙上任的几年前，那些最早开发了债务担保证券的摩根大通的员工，就有机会将这一技术应用于住房抵押贷款支持证券。但是，他们意识到即使“上一次全美国范围内的住房价格显著下跌可以追溯到20世纪30年代”，类似的事件可能使在住房抵押贷款支持的债务担保证券之内的全部损失互相“关联”，这“可能是相当危险的”。因此，

为了解决不确定性，团队规定必须增加更多的资金缓冲，这种处理方式减少了摩根大通的盈利。银行还对冲了它的风险。这是唯一要做的谨慎的事情……住房抵押贷款的风险实在太难以预料了。

摩根大通的团队只对抵押债券再一次采取了（这种）处理方式，几个月后，这些抵押债券价值100亿美元。然后，随着其他银行逐渐

增加了它们的住房抵押贷款业务，摩根大通则基本上退出了这些业务（Tett 2009b）。

由于它的保守主义，摩根大通摆脱了金融危机，它无疑成为全美国范围内最大的一家商业银行。但是摩根大通和德意志银行并非仅有的两家与其他银行的表现大相径庭的银行。高盛注意到了债务担保证券的危险，并使用信用违约互换避免了债务担保证券的严重危害（Gjerstad 和 Smith 2010）。摩根大通也是如此，仅这家公司就占到了大约全世界信用违约互换敞口的44%（Slater 2009）。美国第一资本金融公司完全避开了住房抵押贷款业务。富国银行很好地避免了危险，实际上，政府强迫它必须接受问题资产救助计划的资金（Levy 2009）。

还有许多例子被证明是审慎的银行业务，从地区巨头 BB&T、匹兹堡国民银行（PNC）和美国银行公司（Cox 和 Cass 2009）到小型的比尔银行。这家银行位于得克萨斯州的普莱诺，它在21 世纪头十年的中期积累了资本，但避免参与其现任董事长兼大股东 D. Andrew Beal 认为会推动信贷的疯狂举动。相反，其他银行家和监管者认为他不这么做，简直是疯了（Condon 和 Vardi 2009；参见 Tett 2009a，128）。当危机爆发后，比尔准备利用其他银行的错误，直到2009 年4 月购买了大约50 亿美元的不良资产，并通过短期内再购买230 亿美元成为一家重要的银行。

公共部门与私人部门的争论

巴塞尔协议Ⅰ和Ⅱ鼓励银行投资抵押房贷；追索权规则和巴塞尔协议Ⅱ鼓励银行投资于以目标项目所拥有的资产为基础，以该项目资产未来收益为保证的证券（ABS）。如果银行家们所用于投资的资本是监管人员认为风险高且大部分为无用的管理资本（相对于缓冲资本），那么管理者将对他们进行处罚。在很大程度上，银行家们做着管理者要求他们做的。但是，由于并没有规定要求任何人采用低的资本费用投资于低风险权重资产，如果当其他银行正接受低资本利率的支持时，有银行家能够因此而承受竞争成本，他是有可能拒绝从众的。换句话说，在监管方面有充足的余地，也就是说，一个果断的银行家，他不同意监管者关于投资须谨慎的观点，如果他碰巧在处理大量的现金，也许会坚持这种趋势一段时间。

这就是 Beal、Dimon 以及其他意见不同的银行家所做的。因此，我们幸运地是监管者对于他们所禁止的不同市场行为不是很严格的。但是，这并不能否认经济调节的趋势，以及所有其他的调节。因为其本质上如同法律，一项调节通过管辖权强加于每一个市场参与者。这意味着，像巴塞尔协议，监管者希望采取对行为征税的形式进行调节，是希望阻止而不是彻底禁止，这对于整体的市场行为具有协同作用。[13] 毕竟，调节的关键是使市场参与者的行为有所区别，因此他们也会这样去做。这就是为什么调节需要有法律的强制。通过法律的强制力，每个规则对所有的市场参与者强加监管者的意图，即使仅仅像资本充足率这样的规则，如果有不服从这一规定的人，也要受到强制的金融处罚。

千真万确的是，像银行家之间的分歧一样，关于评级机构使用的方法，或 AAA 评级的 20% 精确风险权重规则，在监管者之间也存在着不同意见。监管者之间不同的意见并不重要，就像选民在投票者中所起的作用。就像在大选之后，在法规颁布之后，无论监管者之间发生什么争论，只有获胜的候选人或其党派的意见，只有一项规则会成为最后的法律（关于任何假设的行为）。在管理者或选民之间提出的不同意见根本区别在于资本家之间的不同意见，因为当资本家之间的意见不同时，他们能过通过彼此之间的竞争有效地检测他们不一致的理论。

资本家的区别不需要表现在实际的口头上的分歧。实际上，更多的是不同理论所构建的不同企业的具体形式（从一个分析的视角，不是必须从创业者或企业经理人的深思熟虑的视角）：关于如何最好地补偿高管和员工的理论，关于如何盈利的理论，以及关于如何避免风险的理论。

例如，经过一个半世纪，由银行发展而来的 JP 摩根大通和摩根创立的一个口号，即抵抗任何诱惑以杜绝忽视的已知风险：“而其他银行，则将重点放在发现明星员工上，提供给他们巨额奖金，鼓励他们与同行业的人竞争，摩根银行则将重点放在团队合作，员工忠诚，以及为公司长期工作上。”同样地，一些银行“比其他公司更紧密地将公司领域内的风险管理流程整合在一起”，因为风险管理链的控制最终是掌握在财务人员手中；“经历了更多重大的不可预期的损失的公司对于风险管理在内部沟通时采用着更多彼此隔离的方法”，“这可能对于缺乏风险以及损失意识的经理们会有帮助。”每一家资本企业会默认为整合任何数量的此类机构，从激励到传统方法到常规再到规定，作为一个整体的企业（从分析的视角看），关于企业应该做什么和如何做的一种超理论，是为了盈利和避免损失。如果一个企业在与对手竞争时遭受损失，那么，一个或全部包含超理论的理论通常会在那个特定的时间和地点失效。

这种在资本家理论之间隐含的竞争的最大优势是，它对“理论家”有相对低的认知要求。理论问题实际上不需要任何参与者在他们之间的竞争过程中思考或记下来。竞争成功的企业不需要懂得它们赢或输的原因，这就好比一个呈现遗传变化的物种的成员需要知道为什么它是这样，也将证实，它们的后代将能或者不能比物种其他成员的后代发展得更好。

同样地，经济竞争像生物进化一样，如果过程起了作用，本来不需要在他之前有一些主要的记录者，并且学习他的经验。这是很关键的，作为人类（因此无知和易犯错误），因为这样一种综合的感知不能建立在从观察的过程中学习正确的经验。竞争的过程认为这些经验与进化一样是机械的——不是任何人认为的那样，单独地参与争论，而是通过淘汰——在有限的情况下通过破产，错误的理论来源于失败的公司（Alchian 1950）。[14]在这个系统的参与者不需要见多识广，有先见之明，甚至特别聪明，他们仅仅需要与众不同。

相比之下，管理者需要成为一名综合的观察者，要总结他们付诸实践所导致的市场失败的规律，并应引以为戒。如果他们在这种分析中失败，那么这个错误同样会在整个系统中产生作用。因此，他们需要掌握系统中试图能规范的复杂的细节，这些细节对于系统来说是不需要的。

因此，系统调节比系统竞争要求更高。由于使一个复杂的生物组织，如人体，仅仅通过观察和思考行为，对其组织进行改造是十分困难的。与之相反的是，所有复杂生物组织的设计都是由完全无意识的过程所产生的：即所谓的“基因竞争”的自然选择。唯一需要的是差异化，这是由基因变异而成的。当然，自然选择的结果不是完美的自适应繁殖。但是，当然他们相比通过“智能设计”而产生来说要更好，除非设计者是全知全能的或者是绝不会犯错的。

监管者既不是全知全能的也不是从不会犯错的。在对待安全性方面，只有他们的错误与评级机构给出的高评级一样时，才能够大体上解释，为什么商业银行比其他投资者更容易多次受到私人抵押债券的诱惑，其他投资者也同样会看中评级，但是他们不会由于投资于高评级的资产抵押债券而受到法律规则的处罚。银行家在低利率的环境下追逐高回报，他们的绩效奖励，甚至他们的审慎，都不能解释商业银行资产组合中投资于AAA级抵押债券和其他投资者的投资组合中的该证券比例的巨大的不对称性，因为其他条件不变的情况下，同样的因素也应用于其他投资者。商业银行和其他个人的区别在于具体的资本充足率规定制约着前者。因此，在没有追索权规则的情况下，既没有理由认为资产支持证券的发行数量应该在这样一种规模，也没有理由认为它们应当高度集中在美国商业银行的手里。也没有理由认为，没有巴塞尔协议，整个世界的银行应该集中投资于抵押贷款，因此，它们能建立销售抵押品是抵押债券的资产支持证券的投资组合。也没有理由相信，要不是财务管理者的关于市场价格信息价值（由财务动量指标所限定的）错误理论，市场会担心这些债券的数量会引起恐慌，从而导致大萧条。

毫无疑问，财务管理者具有说服力的原因在于他们有更充分的预期。但他们也是人，会犯错，在符合资本充足规定的前提下，他们的交易行为很有可能犯愚蠢的错误。要明确的是，失败不会导致错误。过于任性的管理者仍然可以获得他的权利。相反市场竞争不会导致好的结果。至少不是在最初消费者可能不知道他们需要什么。基本上，消费者购买行为是一种系统过滤，即筛选出商业理论的错误。通过资本创业的企业家（通过银行或投资人的资助）可能会趋于犯同样的错误。如果每个人都学习了同样错误的理论，如商学院所教的有效市场理论，整个系统可能会陷入麻烦。

然而，在资本主义经济中，哪里有竞争力，哪里就比所有竞争者都在单一管理者的管理下更趋于异质化。最糟的情况是，在有限的市场中，通过群体行为（例如，由协同文化引起的），通常会表现为错误的想法或实践，不受管制的资本可能没有受管制的资本看起来更坏，因为所有的市场参与者在假定的时间和地点接受同样的一种想法或惯例，管理者可能也会在这个时间和地点接受同样的信息和惯例。但最好的情况是，商业竞争会产生不同的理论，从而使不好的理论趋于被清除。

另一方面，资本主义在这方面所享有的系统优势给资本主义管理者施以比较认识论上的压力。就像我们在第3章说的，在购买资产时每一次总会产生分歧：买者比卖者认为资产更有价值。预先预测争论的哪一方是正确的都是自大的行为。但是在危机过程中，美国财政部长盖特纳作为主要监管者没有选择，只有去做。在2009年4月早些时候，他说“公司与银行高管数十人在纽约举行早餐会，许多银行认为他们账面上的投资和贷款远比现在表现得更有价值。简言之，他不同意他们的看法，但是对于盖特纳来说，他的反对意见不会被接受。他说：“银行将不得不以投资者愿意支付的价格卖掉这些资产，因此必须做好资产减值准备。”

盖特纳的意思至少有两种解释，第一种解释是，他重复以市场价格计价宗旨，即市场价格是万能的，因此，投资者目前愿意支付的价格与它们真正的价值是相等的，那就是，在资产抵押债券的交易中，依据AAA评级的未来支付流真正意味着什么。第二种解释是，盖特纳对这一特殊案例作出了独立的判断，2009年4月，投资者愿意支付的价格碰巧是AAA评级在未来将要实现的收入数量的准确预知。第二种解释貌似完全可信，其假设美联储到那时会进行许多重要的调查。然而，对于这种解释，盖特纳简单地将投资者的无所不知转到自己身上。就像引言中所说的，盖特纳知道管理者的错误。根据这一解释，他的角色就是作为主要监管者来使自己适应这种情况，就像他和他的美联储和财政部的同事要有灵敏的洞察力。

然而，在这个案例中，似乎盖特纳和市场都不是正确的，更不必说有灵敏的洞察力了。美国国际集团担保的抵押债券的命运止于美联储麦迪逊，就像第 3 章描述的，这表明到 2010 年 1 月，美联储至少已经认定这些 AAA 级的债券价值超过高盛和兴业银行，因为它们已经超过了投资者的预期，七个月前，就像盖特纳反对的银行家们预测的那样。高盛和兴业银行的区别在于在许多市场参与者中，两者都有自己关于未来抵押债券的价值的看法，以及评级的可靠性，作为私人投资者，两者对受法律约定的社会整体都没有自己的意见。

5 结　　论

由于我们的论据涵盖了大量的事实，因此需要做一个总结。我们将它的漏洞一并展现出来（正如我们看见的）；在完成总结后，我们要简略地考虑一下直指那些漏洞的反论据。

“道德风险”和金融危机

我们在第 1 章开头说明了这样一个事实，在美国商业银行资产负债表上的抵押支持债券要么是被 GSEs 担保过的，要么就是被评为 AAA 级的。这个人所周知的事实给关于危机原因的两种假设带来了严重的问题。这两种假设说的都是“道德风险”的故事。

根据其中一个道德风险故事，银行家们明知道那些抵押支持证券有风险，但还是在它们身上下赌注，原因在于他们也知道如果灾难来临他们将会被保释出来。根据另一个故事，他们故意在明知有风险的债券上下赌注，是由于他们是以长期安全为代价去追求短期利润的。在第 1 章，我们指出没有事实证据证明这些假设是真实的（见附录Ⅰ）。而且我们也注意到如果两个或者其中任何一个假设是正确的，那么很难解释为什么银行购买了低产出的 GSE 担保的债券，以及 AAA 级私人发行的抵押债券，而不是更高收益的 AA 级、A 级、BBB 级、BB 级债券或者债务担保证券。[1]

此外，与传统观点相反，商业银行全体或者它们中的龙头，整体来说在危机的前几年都没有增加它们的杠杆率到法定最大值（尽管一些银行事实上增加了，但其他银行在去杠杆化）。如果道德风险的故事是真的，那么银行家们本应该冒这个将会被偿还的风险，而增加任何赌局报酬的一种方法就是用尽可能多的借来的钱。事实上，银行家们看起来想玩得稳妥一点，他们把赌注下在政府担保或者私人发行但是低收益的、评级的、有大量担保的 AAA 级抵押债券，并且远未用他们可以用的所有杠杆去下这些赌注。

巴塞尔论点

抵押债券相对较低的收益和商业银行较低的杠杆率各自形成了第2 章概念上的开头和结尾。首先，我们解释了为什么美国商业银行和储蓄贷款机构花了13 240 亿美元购买 GSE 担保债券和 AAA 级抵押债券，原因在于在巴塞尔协议 I 和追索权规则下这些债券享有 80% 的资本减免，且后者仅适用于美国银行。让人特别感兴趣的是，这其中的 4 720 亿美元投资于 AAA 级的“私人标签”抵押债券中去了。在 2001 年，追索权规则的最终版发布，私人标签抵押债券发行量在 2000 年下滑之后增加了几乎百分之百（图 2. 1）。在金融危机来临之际，美国商业银行已经积攒了 3 830 亿美元的 AAA 级私人抵押支持证券和 900 亿美元的 AAA 级债务担保证券（表 1. 1）。这相当于美国商业银行和储蓄贷款机构总资产的 4. 3%，或是其他美国投资者的证券投资组合中私人抵押支持证券和债务担保证券比例的 3 倍（表 2. 3）。

银行稳定的杠杆水平之谜

然而，如果银行主要是由于它们在巴塞尔 I 和追索权规则下提供的资本宽减来积攒所有的那些较低收益的私人抵押支持证券或者担保债务证券。那么它们为什么不通过增加它们的杠杆率来使用资本宽减呢？它们的杠杆率在危机前的哪些年（总体来说）是保持稳定的？在追索权规则的条件下，如果银行没有增加贷款，那么积累能让银行增加贷款的低收益的债券有何意义呢？

我们的答案，呈现在第 2 章结尾，展现了可用的和法定的缓冲资本的不同。一个审慎的未受监控的银行考虑到杠杆的危险性会保留缓冲资本：其贷款和其他投资中的不可预测的违约和损失会让它无法偿还其筹措那些贷款和投资的基金（从存款者和其他债权人那借来的）。仅由于这个原因，法定资本最小值——杠杆上限——是审慎监管银行的一个重要工具。然而，对于那些没有保留法定缓冲资本的银行来说，法定资本最小值的要求是通过威胁解雇管理人员、冻结银行资产来执行的。自相矛盾的是，这项严厉的执行机制反而使得法定缓冲资本不再那么谨慎有用。

一个审慎的未受监管的银行需要资本缓冲在灾难发生的时候免于破产，一个经受监管的银行需要资本缓冲在其资金水平低于法定最小值时免于资产冻结。一个审慎但是受监管的银行对这两种“资本缓冲”都需要：如果它被允许开展业务的话它需要维持法定最小值，它还需要在法定最小值之上持有额外资本缓冲，以避免在它的贷款投资中发生未被预料到的问题时资本低于法定最小值。投到额外资本缓冲的资金在面对不可预料的未来时是必需的，但是投到法定资本缓冲中的资金被浪费了。

这可能解释了为什么银行的资金水平一般来说超过法定最小值之上时，仍游说反对更多繁重的资本监管。同时，它可能解释了为什么在危机前几年，银行在保留额外资本缓冲的情况下仍致力于“资本套利”——甚至在它们没有增加非风险权重资产的情况下（图 2.4）。通过资本套利来获得资本宽减，银行减少法定要求的——即无用的——监管资本最小值。这样，即使银行的杠杆率水平保持不变，它们（总体上）获取大量监管者认为是安全的资产，因此减少了银行必须维持的监管资本的数量。这能通过降低法定资本限额达到增加银行“额外的”、审慎资本的效果。问题是巴塞尔协议 I 和追索权规则的组合使得银行只有通过三种策略才能达到这一目的：相应地发行更多的抵押贷款，风险权重为 50%，而商业和个人贷款的风险达到 100%；相应地购买更多的机构债券或者 AA 级、AAA 级资产支持证券，包括 PLMBS，风险权重是 20%；或者购买更多的政府债券，风险权重是 0。

按市值计价会计准则

在第 3 章的前半部分我们从金融危机本身转到随后的大萧条上来。这里我们认为巴塞尔协议 I 和追索权规则与“公允价值”或者按市值计价会计准则相互作用造成银行法律认可的资金数量不必要地减少，使得银行陷入了这样的一个危险境地，一旦银行的可用资本缓冲减少了——仅仅由于抵押品或者其他资产支持证券的价格下降了，它们就违背了法规。

债券的价值是由债券到期时产生的实际收益组成的，而不是它们在某一时刻的市场价值。市场价值是基于“市场”对债券的未来收益流预期的综合预测。当投资者开始担忧房地产泡沫破裂对次级按揭债券的冲击时，债券价格骤跌。的确，它们的市场已经枯竭，所以债券一般没有实际价。低价被按市值计价会计准则当做真实价格，银行在这些债券上的账面损失因此也从它们的收益中减去，一美元一美元地降低了银行的法律认可的资金水平，从而减少了银行的可借资金，资本良好银行减少10%，资本充足银行减少12.5%。

对资本良好银行采取更加保守的10%的资本最小值，在2008年8月对所有银行采取的2.2%的账面价值的有意降低——即使是在市场惊慌之前，就能转化成商业银行放贷能力22%的下降。幸运的是，通过大量政府资助，银行可以筹集资金来中和一部分放贷能力的降低，但是，即使是在2008年9月，一场即将到来的大衰退变得极其明显之前，商业贷款仍然下降了67%（图2.1）。

为什么监管者这样无知?

在第3章，我们开始探讨为什么监管者颁布这样灾难性的规则。一个普遍的答案是他们也是人类。即使是在最有利的环境下，人们都发现很难预测他们行为的后果——而现有环境对监管者来说是极其不利的。

在过去的一个半世纪，一个极度复杂的监管网络建立起来，对任何监管者来说，他们都无法认知这一大堆监管条例——更不用说理解这堆条例带来的潜在后果。因此，我们认为会计监管者们既不知道资本充足规则会与按市值计价会计准则相互作用，从而削弱银行的放贷能力进而打击整个经济，或者他们被他们的市场价格等于实际经济价值的意识形态所禁锢。对于金融监管者，我们也可以这么说，但与会计监管者相反，他们造成了形成这场危机的主要监管错误：使用穆迪、标准普尔、惠誉的债券评级作为法律对银行的资本水平规定的决定因素，即使这三个评级公司是美国证监会承认有效的。

和会计监管者一样，我们认为有两种方法解释金融监管者的行为：他们忽视了评级机构的合法垄断，或者他们认为市场默认是完美的，从而市场参与者是无所不知的。然而，经济学家指出了信息完全规则的一个小的例外：他们认为在信息流被动机问题阻碍时，比如说道德风险，信息完全这一默认假设（均衡）就不成立。

对无知的解释和对意识形态的解释不是相互排斥的，在第 4 章，我们呈现了同时支持两种解释的证据。证据包括：金融监管者反复重申评级机构的判断是可信的，因为它们是运行在市场机制上的，即使美国证监会长期以来不允许这样地申明。金融监管者似乎不知道美国证监会一直以来做的是什么，或者他们不知道美国证监会的规定对评级可靠性的影响，金融监管者也提出许多经济学家的潜在假设：不是市场不需要监管，而是当没有扭曲的动机时，市场是绝对正确的。因此，假定的市场支配的评级机构对按揭债券的违约率的预测是可信的。

价格拜物教、市场原教主义和经济主义

由会计和金融监管者共享的市场万能的默认假设看起来似乎与“市场崇拜”或者“自由市场原教主义”等同，但是事实上任何一类监管者从任何角度讲都不是自由主义者：他们相信没有监管的干预，资本主义银行会在风险贷款和投资中追求利润，从而把它们自己逼上绝路，并且，没有监管干预，公司会隐藏损失去欺骗投资人。就以会计监管者来说，基本假定不是应放任资本家自己做主，而是市场价格在某种程度上有能力去克服人性的限制并能正确地预测未来。在第 3 章，我们称这个假定为“价格拜物教”：神物是指有着神奇魔力的物品。

市场拜物主义与自由市场观点之间的区别很重要，我们认为，一

个人会在他不是自由市场卖主的情况下（大多数经济学家都不是），盲目崇拜市场价格（几乎所有的经济学家都不是这样）。[2] 市场拜物主义与对阻止道德风险的市场管制的坚定在经济学意义上的共存，解释了为什么会计监管者会把市场价格放在如此高的一个位置，而把公司管理人员放在如此低的一个位置。因为管理者是花钱雇来为公司赚钱的，他们有对投资主体隐藏公司损失的动机，从而有形成道德风险的条件。同样地，在金融监管者看来，存款保险会形成银行家道德风险，他们意图过度杠杆化以及做冒险但是有利可图的贷款和投资。人们乐意看到与最有影响力的关于金融危机起源理论差不多的假说：银行家们由于绩效奖金和/或他们的所谓的银行太重要而不能倒闭的断言，会产生额外的道德风险。

我们针对经济主义的例子并不是说资本家并不总是像经济学家假设的那样一直用利己主义指导自己的行为。实际上，我们关于金融危机的理论是一个关于“激励”的故事：资本充足规定使得银行有囤积被监管者认定为安全的资产的动机，如 AAA 级的 PLMBS。

我们（这里）也没有反对一个相关但是独立的假定，[3] 它在经济学家中很流行，即韦伯（（1968）1978，24～25）提出的，“工具理性”（即所有人类行为在将来某一终点都被计算为有用的），即使这一假定忽视了韦伯关于传统行为和“价值理性或义不容辞行为”的分类，价值理性是指人们出于自身目的而去采取行动。经济学家把所有动机简化为工具计算也忽略了韦伯的“感情行为”，即那些不是计算出来的或是完全考虑清楚的行为。

我们暂不考虑经济学家这方面的偏见，因为我们认同韦伯的大致观点：现代人的行为正变得越来越工具理性（韦伯（1920—1921）1958）。我们没有见到任何证据表明这场金融危机是由“非理性”或者情绪化引起的；我们的理论归咎这场金融危机在银行家的工具理性上，他们为追求资本宽减而购买抵押支持证券；归咎于监管者的工具理性上，他们执行各种规定，妄想以此促使银行变得谨慎，会计变得诚实。

因此，在第1章，我们花了大量的篇幅来反驳由乔治·阿克洛夫（George Akerlof）和罗伯特·希勒（Robert Shiller）提出的"非理性繁荣"或"动物精神"。他们分担了人们对主流经济学家关于人性的片面观点的不满。但是我们相信阿克洛夫和希勒对经济主义的批评是建立在一个错误的逻辑基础上的：将非理性和错误混为一谈。一个人可以像星际迷航里的斯波克先生一样理性，一样没有感情，但是仍然会错误地认为一个给定的行为真的会对最终的目的有帮助。

因此，唯心主义比经济主义多少有点提高（因为它承认情绪化决定的可能性）。这两种主义的最主要问题是忽视了真正的人类会犯的错误，这种错误不是由情绪激动引起的，但也会导致事与愿违，或者利己的结果。这种情况尤其会发生在人们不懂得一旦他们知道了一些他们之前不知道的事，这将会颠倒他们对部分真相的认识。这种没被发觉的陌生情况，或者"极端无知"的情况，会让即使是最没有情绪波动的，有逻辑的，见多识广的人变得沮丧。事实上，我们相信它们挫败了会计和金融监管者的良好意图。

无知与行为上的教条

我们认为，经济学家在忽视未知问题（或者将其降低为"理性"或刻意的无视或"不对称信息"，即其中一方知道真相）上的犯的混淆错误也暗示了现代民主所面对的问题[4]：如果经济学家是我们最重要的顾问，然而他们的世界观不认可真正的人类错误，那么我们就麻烦了。但是我们的论证不仅仅是影射性的。经济学家只有动机才是重要的这一假设以监管的形式在真实世界中产生影响，而我们认为这才是这场金融危机的主要原因。原因在于这一假设解释了困扰监管的特殊形式的无知。

因此，会计监管者很明显地忽视了至少两件事：第一，资本充足规定使得，一旦市场发生恐慌，资产价值随着市场价格的下降而标注为下降，这样会严重缩减银行的放贷能力，从而引起经济衰退。第二，由不可靠的，易于犯错的人类观念聚合而成的市场价格可能会导致错误——就像任何其他人类观念的共识一样。第一个错误可能是由于错综复杂的规定结合在一起，相互作用，在实践中产生了人类无法掌控的结果；第二个错误是由于要求积极介入意识形态引起的，因为我们发现很难相信任何人的自然的或默认观点是市场价格是“明智的”。

市场和价格都没有处于一个进化适应的环境中，而在过去的13 000年，人类认知一直在进化。因此，没有任何一种关于市场价格的观念不是从文化中衍生出来的。监管者观念的这种特殊内容暗示这种文化源头就是其他经济学家传授给大部分经济学家的学说。这正是我们认为的意识形态运作的方式：它的信条，源自我们对周围世界的选读——唯一的一种阅读方式适合不是全知的人类——使得思想家确信意识中所指向的世界的某个部分是有代表性的，不仅仅是人们从易犯错误的老师那学到的观点和看法，更大程度上，是思想所关注的客观世界。

金融监管者看起来忽略了至少三件事。当然，第一就是他们的资本充足规定会鼓励银行发放按揭贷款并投资抵押支持证券，即使是在房地产泡沫膨胀之际——这一泡沫要部分归咎于上面的那些监管规定。第二就是债券评级公司组成了一个受法律保护的寡头。第三就是即使债券评级公司没有被法律保护，它们像金融市场一样，其结果受监管者们的干扰，也会犯错。

资本主义引起了这场金融危机吗？

显然，许多资本家，包括本案例中的重要对象——银行家——一定是忽略了金融监管者们同样忽视了的事情，要不然他们也不会去购买私人抵押支持证券，不管这些债券的评级有多高，不管由此从金融监管者处得来的资金宽减有多少。然而，即使极端无知经常使得对未来结果的概率性预测不准确，最多，只能说通过对概率的粗略估计来预想未来是合理的；我们最多只能做到这样。每个银行家有每个银行家自己的预估，比如，这取决于某个银行家对过去和现在“知晓”的真实情况（包括他/她认为是真实，实际上却是虚假的东西），也取决于他们对关于未来的“真实”的含义的理解或理论。就某个银行家与她预测的场景有偏差的对未来事件的低概率粗略估计而言，她必须评估其采取预防措施对抗这种风险（或者，宁愿叫做不确定性）的成本。

经过类似的一个过程，至少是含糊地，许多美国投资者对购买AAA级私人抵押支持证券和债务担保证券做了一个评估，其结果是以上两种债券仅占他们投资组合的1.4%（表2.3）。回想一下——至少在可回溯的情况下，譬如说2008年10月1日——这是一个由于极端无知而导致的错误决定：如果这些投资者早在2006年10月1日就知道他们会在两年后“知道”的事情，PLMBS或CDOs在他们投资组合中所占的比例就会是0。如果我们将1.4%作为银行家基于自身认知能力下的默认行为的基线，那么美国商业银行投资组合中投到这些债券中的比例为4.3%说明了金融监管者的无知加剧了银行家的无知，使他们将总收益的三倍加入到对收益和成本的估计中去。

正如我们说的，我们的金融危机是“激励故事”，但是它不是一个道德风险的故事，因为如我们在第 1 章里说的，没有理由去相信这么多的银行家知道购买这些债券是一个错误，而且我们有充分的理由认为事实是刚好相反的——他们所犯的错误，与购买没有由追索权规则覆盖的低评级的抵押支持债券的高收益相比，是一个低成本的错误。

最后，为什么这个很重要呢？为什么每个人——除了政策制定者“展望未来”——关心是什么引发了这场金融危机，以及我们对这一问题的回答是什么？

这不是因为监管者们要为这场危机承担责任：没有人会因为诚实的错误或者即使是理想化的观念而受到责备，因为我们坚持认为它们是人类与生俱来的，甚至是无意识的。当然，这很重要，因为一旦一个人认识到这场危机的罪魁祸首不是“解除管制的”资本主义金融，而是由现代社会最信任的学术专家移植到监管者脑中的无知和意识形态，人们开始担心现代民主是不是也有这种潜在的致命缺陷：那种现代民主社会中的太人性化的决策者的认知局限引起的错误。

资本主义决策者的认知局限当然会导致错误。但是资本家可能同时将这种认知转化为异质的实践，与他们的世界观相左——所有的这些认知都是易错的，所有这些都忽视了这个世界的大部分，所有的，不管怎么说，都是“意识形态的”。至少这些认知中的一部分，如果不是全部，很有可能被弄错，但是其中一些可能比另一些不容易出错。

因此，一般建议多样化投资组合，方式是通过资本家的自由竞争，而不是提前预测哪一种认知是最好的，然后将这种认知马上应用到所有资本家身上。

对我们观点的一些质疑

这里我们要展现我们认为的在我们的论证中最薄弱的地方，以及一些明显的我们相信能够解释的异议。

1. 尽管存在对思想意识的批评，难道这场论证没有结束而产生一个新的观点，实际上是一种“市场原教旨主义”的形式，如果不是“市场拜物主义”形式的话？

我们不可避免地接受我们像每个人一样，也是有思想的，毕竟我们没有选择只能选择性地看世界——如果不是选择性地看，那么要看的世界就太多了。是的，我们对资本主义竞争的异质性和监管的同质性做了一个对比，这表明资本主义有它的长处，主要表现在减少系统性错误的可能性上。

然而，这种优势绝不是绝对的。其一，正如我们在第 4 章指出的，资本家行为并不总是异质的；“羊群效应”很普遍，而且我们怀疑随着教育和文化在全球变得越发同质化，这种“羊群效应”还会更加普遍。这样，公认的资本主义的优势变得不那么普遍了，而且有可能会被削弱。

此外，我们的论证中也没有一直批评通常意义上的“大政府”或者所有的政府“干预”。我们的论证仅适用于监管，而不是重新分配。然而，人们可以推测我们的论证同样适用于政府“所有权”，譬如说，整个工业，或是教育体系，或是医疗保险体系的掌控，都将产生同质化的影响。

2. 同质化的监管和异质化的竞争之间的对比是如何避免诉诸于金融监管者认为的可以监督评级机构的“市场约束”信条呢？

市场约束包括那些在面对其他竞争者时有动机去这样做的市场参与者。我们可以从两方面进行反驳。第一，评级机构实际上是没有竞争者的。美国证监会已经在进入评级行业的道路上放置了一个合法的障碍。第二，动机只能影响到粗心引起的错误，而不能影响极端无知引起的错误。大多数错误是无意识的，不管怎样的纪律规定都不能从易犯错的人类那把错误驱赶出去。一个异质的竞争的市场是不会过度去约束错误，因为它给消费者提供机会去“驱逐”那些在做生意时犯错的公司（赫希曼 1970）。犯错误的公司会通过受损失或者破产而被“约束”，但是这种效果不能让竞争者从此变得不会犯错，不然的话竞争者永远不会经历破产或受损失。

3. 为什么着重提出进入的法律壁垒？资本主义本身是建立在一系列的物权法和合同法体系之上的；物权法赋予垄断特权给财产“所有者”，他们可以（从字面意义上）阻止其他人接触“他们的财产”，或者用“他们的财产”进行试验。

我们同意以上观点。资本主义（或者任何其他社会体系）缺少法律或是内化的法律等价物都是不行的（Foucault 1979）；而且物权法是对于任何财产来说都是内在的具有垄断性质的。所以这些关乎到程度问题。合同法同物权法的某些特定形式一起能让公司在相当大的范围内进行竞争。从规模上说，资本主义物权法赋予的垄断与社会范围内（或者说政体上）的垄断，或者在本文中描述的情况下的有法律保障的寡头垄断相比，还是小的。出于同样的原因，我们并不反对“政府干预”。我们反对的是同质化的干预。最后有新法律出台来增加异质化，从而减少系统性风险。

4. 第 2 章几乎仅讨论了追索权规则对巴塞尔协议 I 的补充修正，但是它仅在美国执行。那么这场危机的全球化又是怎么回事呢？

我们认为这是我们的论证中最大的一个弱点。我们无法找到有关巴塞尔协议 II 对非美国银行持有的高评级的抵押支持债券产生影响的数据。我们中的一员（Kraus）打算要对此进行深入研究。然而，正如第 2 章说的，巴塞尔协议 I 将非证券化的按揭的风险权重维持在 50%，巴塞尔协议 II 将这一风险权重降低到了 35%。这些风险权重可能，在世界范围内而不仅仅是美国刺激了房地产泡沫。银行的损失不仅仅限于证券化抵押（尽管非证券化抵押在市场上没有标注出来）。

5. 巴塞尔协议只是单一原因。其他的一些有可能造成这场金融危机的因素呢?

我们同意，这是我们的论证中存在的一个问题，尽管我们在第1章指出了低利率以及联邦房地产政策——不仅仅是巴塞尔协议Ⅰ/追索权规则对原始的证券按揭的刺激——可能也刺激了房地产泡沫。但是我们的论证仅限于之前对这些因素的讨论，也没有提供新的证据。当然，肯定存在我们遗漏的因素——尤其是，正如我们说过的，国际因素或对针对其他国家的特殊因素。类似地，我们对于按市值计价会计准则的论证仅仅提出了一个过于简单的引发衰退的内在原因，即使不考虑在2008年9月恐慌期后的一系列因素。

因此，我们实际上可以确定批评家们将会指出我们忽略了的很多关键因素——如我们对于法律、监管者和银行家的行为的误读，以及我们的推理中存在的缺陷。我们已经尽力做到了最好，但是，我们也是人类。

附录Ⅰ　有关公司薪酬理论假设的学说

我们在文中指出，很少有学者声称银行的激励系统引起了危机的产生。实际上，我们只知道关于这一问题的两项研究，它们都十分细致深刻。

第一项研究是 Rudiger Fahlenbrach 和 Rene Stulz 所做的，他们发现一家银行的高管所持有的股票比例越高，银行在危机中的处境就越遭。例如，贝尔斯登 CEO James Cayne 和雷曼兄弟 CEO Richard Fuld 在金融危机中每人损失将近 10 亿美元，花旗银行主席 Sanford Weill 损失 5 亿美元。因此，Fahlenbrach 和 Stulz 的研究发现瓦解了公司薪酬假设和建议，取而代之的是无知假说：高管们没有意识到他们的银行正经历着过度的风险，或者他们本应该在风险面前停下或是卖出他们的股票。就像艾拉·凯依（Ira Kay）在 2010 年指出的那样，将十几亿美元以未卖出股票的形式投在可预见的下跌风险行情中，以换取有上涨潜力的数千万美元的盈利是不合逻辑的，这些盈利有可能来源于在任何一个特定年份中的风险决策所导致的股票价格的增加，这一风险决策假定已经知道这一决策会使这家公司陷入逆境。

第二项研究是 Lucian Bebchuk、Alma Cohen 和 Holger Spamann 在 2009 年进行的，这项研究被视为对 Fahlenbrach 和 Stulz 所作研究的反驳，一般地说，评论者[1] 对于金融公司在金融风险前几年作出的风险决策中扮演着非常重要的角色，这些评论者会排除由薪酬安排所产生激励的可能性。这些评论者认为当公司股票价格急剧下跌时金融公司的高管们会遭遇严重的损失。在这些评论者看来，这些损失意味着执行的范围远超过风险的范围，例如风险的损失通常来自过分的乐观、风险误判，甚至是过于自信等这样一些失误，而不是来自于激励。

评论者的观点多具有一些假想的特征，因为没有优秀的社会学家会断言任何单一的假设，包括无知假设，能够完全解释成千上万人的行为。评论者对 Bebchuk 等人的回应提出了一个问题，这个问题在于是否存在着 Bebchuk 等人所辩护的任何有利于选择的证据和危机的道德风险解释；简言之就是，这个问题不存在。但可以确定的是，在成千上万的高管和交易员中认识到由于他们的绩效激励而使他们面对的风险是可能的。因此，更重要的问题在于由于没有卖出他们股票而损失数十亿美元的银行高管的行为是否能否定道德风险假设。作者从不反对这一证据，相反，他们无意中强调了它。

Bebchuk 和他的同事的主要观点是，贝尔斯登和雷曼兄弟的高管在危机来之前的七年间卖出了大量股票。例如 Cayne 在那些年卖出了 2. 89 亿美元的股票，而 Fuld 卖出了 4. 7 亿美元的股票。然而，这些获利由于危机中的损失而减少：各自减去近 10 亿美元的损失，他们各自净负 6. 42 亿美元和 4. 61 亿美元。

这些数据来自于 Bebchuk 等（2009，8）。[2] 那么，在何种意义上，作者认为他们已经提出了有利于高管薪酬假设的证据而不是反驳的证据？他们提出了三个答案。

第一，他们指出，总的来说，两家公司的所有高管在危机前卖出的股票多于他们在危机结束时所持有的股票。我们不理解为什么这是有区别的；问题在于高管所留下的钱的数量，这可以用价格和股票数量的乘积来计算。这些股票的价格在危机前的时期上涨，这些股票占据了高管们财务损失的大部分，这些损失基于危机中的一小部分股票。这小部分股票是不相关的；当然，他们知道股票价格，如果他们意识到他们的行动或是他们授权的行动会使公司陷入灾难，他们本可以卖掉相关的小部分的股票以获取巨额回报。

第二，作者指出，高管们在危机前的几年中卖出的股票的价值比他们在危机开始时持有的要高。这次，我们又没有看到相关的数据，因为反驳道德风险假设的证据是高管们在危机后期因没有卖掉他们的股票损失的钱数，而不是他们危机前的损失（或获利）。[3]

然而，作者主要是要说明一个简单的事实，即高管们在危机前期会卖掉任何股票。作者相信，这证明高管们在全过程中已经将激励押宝在短期股价，这反过来可能会使他们考虑冒险使股价在短期内抬升。然而，事实上高管们客观上有激励去从事事后的风险行为（如果他们认为将有利可图）将不是问题，问题在于这些激励实际上是否在主观上起到了促进无视后果的行为，这种行为经精心设计以提高高管薪酬的价值。否认这一假设的证据开始于意识到不正当的激励曾鼓励高管采取有意地选择风险过度的行为，这些行为基于这些选择所导致的个人所得已经过了粗略的计算。在这种情况下，如果高管们知道最初或容忍承担过度的风险，那么他们应当意识到他们正将公司推入险境，就像他们没有卖掉而持有数十亿美元的股票一样。他们的文章就是对这一问题的回应，Bebchuk 等人从来没有正面反驳过这个关键的事实。

可能有人仍会奇怪为什么高管们在危机前的几年间将他们的股票变现。然而，在美国顶尖的二十四家商业银行和投资银行中，对于股票的投资一直以来构成了绝大部分高管的补偿，包括雷曼兄弟和贝尔斯登。人们不希望用尽一生来致富的人由于投资而失败，因此这些股票会被卖掉。因此，事实上高管们在几年内卖掉他们的股票，不用担心他们的银行所预期的风险。相反，他们没有将手中的股票变现（根据股票的现值，而不是根据持股数量）的事实表明，他们绝大部分或完全忽视了这些风险的存在。

雷曼兄弟和贝尔斯登失败的故事也能够支持忽视假设，这表明Cayne和Fuld没有意识到他们公司投资抵押债券的任何细节，Cayne沉浸在为贝尔斯登建造新总部大楼中，这将证明在他的管理下公司有着跃升的态势。贝尔斯登曾经被认为是“犹太投资银行”，并且被盎格鲁撒克逊系的白人新教徒所看不起，在Cayne的掌管下，跃升至投资银行的前列，他认为这是值得纪念的成就。令人难以置信的是，他宁可冒着毁掉这一成就的风险采取行动，目的仅仅是为了获利几百万美元。

我们没有得到这次危机中最糟糕的商业银行的内部人消息，例如花旗银行和美洲银行。然而Bebchuk等人的研究即使限定在两家银行，仍需要引起我们的注意，因为他代表了支持公司薪酬假设的最广泛引用的论据，虽然他们收集的贝尔斯登和雷曼兄弟的高管的净损失数据指向作者观点的反面。

最后，令人惊奇的是，作者认可了这一事实，他们承认他们的分析实际上并没有显示出这些激励曾产生效果。然而，他们继续声称他们的分析对可能发生的危机的关注并不应该被解除，而应该更加加强。我们同意这一点，但是最好的严谨使用假设的方法是用于证据的检验。Bebchuk等人既没有反驳他们自己提出的不利于公司薪酬理论的证据，也没有提出支持这一理论的证据。然而，他们得出结论，即使他们的理论不能够解释2008年所发生的金融危机的真实情况，这实际上就像评论者们声称的误解或过度乐观确实会导致冒风险。尽管如此，取消鼓励过度冒险行为的激励措施的充分的理由正在形成，以免它们会在将来产生过度的风险。这个好的理由实际上是一个经济学方面的深刻而有力的教训，即激励问题。

然而，在贝尔斯登、雷曼兄弟以及其他银行失败的案例中要准确说明的是：（绩效—补偿）激励是否是重要的？如果重要，它们如何重要？如果我们关注发生了什么，而不是制定政策建议，我们就不能将经济学家的先验论断（激励总是在任何地方都起作用，并且比其他任何方法都起作用）与实际验证一系列激励措施是否显著发挥了作用结合起来，至少不能用于解释一个真实世界的事件。

然而，显然 Bebchuk 和他的同事主要关注的是制定政策建议，并正在着手进行中，关于取消不当的激励是否有利于未来的合理性。然而，在过去发生的金融危机，以及贝尔斯登和雷曼兄弟的高管们在 2002 年至 2008 年间的行为都是仅仅与未来重组计划的想法有关的，事实上，这种行为是由解决问题的政策建议所引起的。[4]

这两项研究都没有解决低水平的员工，例如交易员，对于银行事后承担的过度风险所负责任的问题。尤其是 Viral V. Acharya 和 Matthew Richardson 都表明了对此的关注。这是一种劝导性理论而不是高管补偿理论，原因有两点：首先，因为对低级别的员工倾向于用现金奖励而不是股票奖励，因此激励排序会有利于产生抵制短期行为的发生。其次，有一些有争议的证据有助于我们思考这些激励实际上已经可以断定行为的影响，至少在瑞士联合银行（UBS）的例子中可以体现。[5] 最后，之前引用的投资银行中高管们决策所用的长篇的描述表明，高管们基本上对于实际上购买资产的员工的行为并不知晓。

我们进一步来看第 4 章中所说的高管们无知的证据，但遗憾的是我们的证据还是来自于贝尔斯登和瑞士联合银行。我们注意到大型商业银行，如瑞士联合银行、花旗银行、美洲银行等，是比单独的投资银行，如贝尔斯登和雷曼兄弟，更大更复杂的组织，在其他条件不变的情况下，这就更有可能使它在商业银行工作的高管们变得不了解情况；因此，当低级别的员工的补偿措施鼓励他们不顾一切的行为时，他们更有可能故意冒过度风险。但是，这并不意味着有证据说明这个问题很重要或是不重要。

附录Ⅱ　资产负债表外的巴塞尔规则

第1章关于按揭债券产生过程的叙述是过于简单了，大部分原因是忽略了银行放置资产的资产负债表外实体（OBSEs）和法律载体所扮演的角色。

为达到我们的目的，再一次进行了简化，有两种基本的载体：那些有助于创造“结构（分层的，超额抵押的）以及非结构的资产支持债券（已评级过的但是没有分层或者超额抵押的资产池）”的载体；以及这些债券的最终测试场所。一般来说，以非结构的抵押资产池为基础发行的债券——资产支持商业票据（ABCP）——会用于资助创建结构债券，譬如说私人抵押支持证券（PLMBS）。巴塞尔规则赞成甚至鼓励这种行为。

一个银行为什么会持有资产负债表外资产呢？这是怎么做到的？为什么监管者支持这么做呢？

最容易回答的问题是“怎么做到的”。一家银行会成立一个特殊目的机构（SPV）或者特殊目的实体（SPE），其资产有时会记录在银行的资产负债表上，但是一般情况下，是不记录在上的。SPE/SPV是一个从资助的银行购买特定资产——应收账款——的合法实体。

至于“为什么”，Al L. Hartgraves 和 George J. Benston（2002，246）解释了：也叫特殊目的机构，SPEs定义为为限定的目的而创建的，存在有限的生命期限和活动范围，专为某一公司服务的实体。它们可能会采取有限合伙、公司、信托或是合资企业的合法形式存在。SPEs开始出现在融资机构的证券投资组合中，融资机构在20世纪70年代后期到80年代早期投资于向其提供客户的银行或者金融机构，主要是通过资产负债表外的证券化，以及它们资产负债表上的众多客户的应收账款来帮助银行或者其他公司将资产货币化。一个新成立的SPE可通过发行普通股和债券来获取资金，并用盈利来购买其资助公司的应收账款，其资助公司通常为SPE发行的这些债券提供担保。由于应收账款的非偿还风险是有限的和可测量的，一点小数目的抵押资产通常来说是足够去抵偿所有可能的损失的，这样一来使得资助公司不大可能需要去完成它的担保。通过这种方式，资助公司通过支付比债务或者保付代理的其他方式更少的利率就能将应收账款转换成现金，因为使用其他方式时资助公司必须付钱给购买应收账款的债权人。SPEs也能使资助公司将应收账款从它们的资产负债表中剔除，以避免在证券化的过程中承认债务。

在结构化的PLMBS这一案例中，应收账款就是预期能从抵押人那里回收的款项。投资人购买PLMBS部分是因为资助公司提供了支持这些在应收账款基础上发行的债券的各种各样有力的承诺。例如，一个保留PLMBS的权益证券的银行因此会向投资于在评级证券基础上发行的债券的投资人提供信用增强。对于非结构化的资产支持债券，例如资产支持商业票据（ABCP），资助其出售抵押贷款的SPE的商业银行会向其债券购买人提供流动性支持。

资产支持商业票据

各种债券对投资人的最大的吸引力（不管投资人在其资产负债表上还是表外持有这些债券）差异很大。第1章解释了超额抵押和分级，或者“次级化”是如何使私人抵押支持证券、担保债务证券以及其他的结构化资产池让投资者在投资于高等级债券（AAA）时看来是特别安全的，即使当资产池中的抵押品，譬如说次级房贷，在个人看来已经不安全的情况下中级层债券的吸引力，相比之下，是其投资者可以得到更多的票息，作为承担违约冲击风险的交换。

资产支持商业票据的票息远低于优先级的私人抵押支持证券（PLMBS）和担保债务证券（CDOs），但它的吸引力主要在于它的安全性。正如Hartgraves 和 Bentston 所说的，有应收账款支持的资产支持商业票据的“不偿还”的风险是有限和可靠的。我们可能是第一个指出这种历史上的可靠的风险并不一定意味着未来发生的几率。但是，我们在结论处提出，这并不一定使得投资人或监管者不明智地认为在过去和最有可能的未来情景之间存在足够大的连续性，以至于他们可以安全地假设——通常是这样——过去可以用于未来决策的一个指引。

就拿资产支持商业票据来说，另外的一个安全因素就是极短的债券期——通常是1～4天——通过在一个重要的公告中表示拒绝“滚动投资”，从而停止对这种债券的投资。然而，这就类似于庞氏骗局，除非某个机构——赞助银行——向资产支持商业票据的持有者保证如果其他资产支持商业票据投资者突然停止投资，银行会进行干涉并自己偿还剩下的资产支持商业票据的投资者。正如Acharya、Schnabl 和 Suarez（2010）指出的，这种流动性增强是资助银行对他们的 SPEs 作出的最强承诺。

在承诺范围的另一端，结构性投资工具（SIVs），仅有27%的资产支持商业票据为其提供资金，资助银行提供的流动性支持也仅覆盖典型结构性投资工具发行的AAA级债券的10%～15%（IMF 2008a，71）。这是它们的资助银行对投资者作出的最弱承诺。除了对大概四分之一的资金提供流动性支持（即资产支持商业票据支持的部分），结构性投资工具资助银行的承诺是非正式的。美国最大的结构性投资工具资助者，花旗集团或国外的最大资助者，德意志银行的名声会增强投资者对结构性投资工具资产的信心——通常就是指购买资产支持证券或担保债务证券。根据 IMF（71），结构性投资工具持有价值 4 120 亿美元的资产，其中大约 46% 是私人抵押支持证券或者担保债务证券（包含不同种类的私人抵押支持证券及其他资产支持证券）。[1] 在这些情况下，名声的纽带，可以通过次级化以及超额抵押这样的信用提高加以补充。[2]

关于特殊目的实体的命名很混乱；IMF 管它们叫资产负债表外实体。我们倾向于这个直白的命名，因为它使我们可以从命名中将不同的子范畴辨别出来。那么跟 IMF（2008a，71）一样，与结构性投资工具相比，我们也将全部由流动性增强商业票据，譬如资产支持商业票据，为特殊目的实体提供资金的方式叫通道。资产支持商业票据资助的通道与其他通道一起，被用来实现以下相关目的。

1. 持有按揭资产池直至它们到期。这里，按揭资产池是作为资产支持商业票据的担保出现的（Poszar 等 2010，16）。这是可能的因为一旦按揭资产被认为是更熟悉的 AAA 级和 AA 级证券和其他用于长期证券评级的字母的短期等价物（A－1，A－2 等）。[3] Acharya 和 Schnabl（2010，13）估计类似的这种信贷套利通道大约为 550 亿美元的证券化的、非结构性的住房按揭资产。然而，通道中的 92% 的资产不是按揭资产，而是其他应收账款，如未付票据、汽车贷款、公司贷款和其他杂项资产（IMF 2008a，专栏 2. 5）。

2. 储存按揭池和其他待结构化（分组和重新评估）成资产支持证券的应收账款，包括私人抵押支持证券，而按揭池又用于证券化的评级的担保来支持资产支持商业票据的发行。然而，这部分按揭资产，不会一直持有到期，而是最终作为支撑私人抵押支持证券或担保债务债券发行的担保（Poszar 等2010，图 27）[4]。Acharya 和 Schnabl（2010，13）估计1 730 亿美元的资产是以这种仓储通道存在的，大部分由住房按揭贷款组成。

简而言之，非结构的资产支持商业票据资产池会成为非结构资产池的最终目的地，或者被用来创建结构性的资产池。

巴塞尔协议Ⅰ对资产支持商业票据的监管

与没有银行的任何法律承诺的资产负债表外实体的资产——譬如结构性投资工具（除去对它们的资产支持商业票据持有者的承诺）——相比，对资产负债表外实体的特定类型的法律承诺在巴塞尔协议Ⅰ下激发了百分之百的信用转换系数（CCF），好比资助银行必须持有相当于8%的资产负债表外实体资产价值的资本（或对资本良好的美国银行，10%）。然而，如果资产是，譬如说按揭贷款的话，要求的资本是通过100%的转换因子乘以8%（或10%），再乘以50%的风险权重得到的，最后产生一个4%（5%）的资本要求。

其他类型的对政府资助企业的法律承诺产生了50%的信用转换系数，另外一些为20%，还有一些为0%（BCBS 1988，Annex 3）。不像巴塞尔协议Ⅰ对资产负债表上的资产创建的100%、50%、20%、0%的风险权重分类，那些不在资产负债表上的转换系数不是由资产的种类决定的，而是由银行对它们承诺的特征和有效期决定的。

首要原则是，依照资产负债表上的“承诺变成资产的可能性”并从而会“形成银行的资产敞口”（Tarullo 2008，59），来设置更高的转换因子。然而，尽管对通道的流动性支持是银行能对特殊目的实体作出的最强承诺，巴塞尔协议Ⅰ在0%的信用转换因子资产中将流动性承诺与初始存续期长达一年的安排结合在一起，或者承诺可以在任何时候无条件取消（BCBS 1988，24）。影响是让银行可以完全避免对在一年内的资产负债表外资产的承诺计提资本，包括对资产支持商业票据流动性支持。BCBS 在 1998 年发布的巴塞尔协议 I 的补充说明中对 0% 的 CCF 进行了解释，“短期承诺或者那些可以随时被无条件取消的承诺，普遍认为是低风险的，它们的零风险权重是在微不足道的基础上产生的”（1998，12）。

FIN 46、FIN 46 – R 和新规则

正如追索权规则将要在 2001 年晚期生效，Enron，一个美国能源公司被爆出在其资产负债表外隐藏了大量债务，以使投资人认为它比实际上拥有更低的杠杆——正是以市值计价会计准则要矫正的道德风险类型（第 3 章）。

作为对 Enron 丑闻的回应，FASB，美国证券交易委员会的左膀右臂，公告它正在考虑 FIN 46 的出台，它最终在 2003 年 1 月实行。规定要求银行加固它们的“通道”，例如，将资产展示在它们的资产负债表上。在 2003 年 10 月，FASB 提出 FIN 46 中的加固标准的说明，并在 2003 年 12 月的对 FIN 46 的修正版即 FIN 46 – R 中颁布了这些说明（见 Gilliam 2005）。

然而，在 2003 年 10 月，与 2001 年颁布追索权规则的相同的美国金融监管机构——FDIC、Fed、OCC 以及 OTS，通过一个 2004 年 6 月 30 日到期的临时规定进行干预，这一规定使得银行的资产支持商业票据流动性支持资产免于遵守 FIN 46 – R 下的加固规定。银行监管者（以及 BCBS）解释道，“资助银行组织的资产支持商业票据项目大体上没有什么风险”。[5] 在 2004 年 7 月 28 日，金融监管者发行了所谓的新

规则，[6] 使得对 FIN 46 – R 的这一临时修正变成永久性的。

然而，新规则也认识到由银行支持的通过提高流动性来运行的资产支持商业票据项目在危机中有要求银行偿还通道中资产支持商业票据债权人的风险。1999 年 BCBS 对巴塞尔协议Ⅱ的提议也认识到了这一风险，并提议将巴塞尔协议Ⅰ下的短期承诺的 0% 的信用转换系数替换成 20% 的转换系数（BCBS 1999，第 26 段）。这样，为一个 OBS 通道提供流动性支持的资本良好的美国银行必须持有相当于资助通道中资产的资产支持商业票据价值的 2%（0.1 ×0.2）的资金，如果资产风险权重是 100% 的话。这就是巴塞尔协议Ⅱ中的最终公式（当然，除去使用非美国的 8% 而不是 10% 的资本充足标准的情况）（BCBS 2006，第 579 段），它是在 2003 年 10 月由美国金融监管者提议的，那时，他们同时提出了在 FIN 46 – R 下临时免除银行加固通道资产的干涉，他们还公告想将其临时干涉变为永久性的意图，并要求公众的认可。

然而，在发布新规则时，银行监管者指出“七个批评家提出，考虑到低水平的历史损失和这种流动性设施风险状况的整体水平，提议的对短期流动设施 20% 的信用转换系数过高”并且“其中一个批评家注意到提议的资本要求会将美国银行相对外国银行来说，置于不利境地”，外国银行仅受巴塞尔协议Ⅰ的对资产支持商业票据的 0% 的约束。另外，监管者注意到，尽管巴塞尔协议Ⅰ允许零资本的存在，但银行自己仍然倾向于保留相当于 10% 信用转换系数的资金，所以新规则永久性地为美国商业银行规定了一个 10% 的信用转换系数。[7]

通过新规则撤销 FIN 46 的净效应就是使得美国商业银行要求持有的针对其通道的资本数量从巴塞尔协议Ⅰ下的零增加到 10% 的基本资本要求，对为在 100% 风险池中的通道资产提供流动性支持的资本良好的美国商业银行产生了 1% 的资本要求（0. 10 ×0. 10 ×1. 00），以及对按揭（在50%的风险池中）产生一个0.5%的资本要求。

监管在鼓励资产支持商业票据发行方面的作用

在2002—2004年的监管不确定期间，当美国证券交易委员会发布FIN 46和FIN 46－R的时候，金融监管者临时超过证券监管者，看到了美国资产支持商业票据发行趋势线的矫平，而在2001年底的时候达到了高峰。在2002年之前，巴塞尔协议Ⅰ对由资产支持商业票据资助的资产负债表外实体资产没有资本要求；资本要求在2003年10月到2004年7月施行的临时规则下升到了2%，然后从2004年7月起的新规则实行后降到了1%。图Ⅱ.1显示了资本宽减作为发行资产支持商业票据动机的重要性，因为它不仅揭示了资产支持商业票据发行在监管不确定的两年中的“平线”，也揭示了正如Acharya、Schnabl和Suarez（2010）指出的，一旦新规则生效，资产支持商业票据的发行会重新达到它的尖峰。[8]

所有这些显示对资产支持商业票据流动性的低资本要求是资产支持商业票据发行量背后的驱动力；但是虽然这些证据是提示性的，但不是决定性的。

考虑到巴塞尔协议Ⅱ为了增强流动性评估得出的20%的资本要求，是2004年在美国实行的新规定中水平的两倍（这在金融危机过程中一直保持有效）。正如第2章解释的，在这点上很难说巴塞尔协议Ⅱ在全世界实行的准确时间点，但是我们知道巴塞尔协议Ⅱ的最终版本是在2005年发布的。然而图2.4显示在2005、2006年，当我们预期因为巴塞尔协议Ⅱ实施的高风险权重（与美国的新规定相比）欧洲资产支持商业票据的发行会下降时，绝大多数欧洲国家资产支持商业票据的发行反而剧升，其他的欧洲国家不受妨碍地继续保持它们先前的发行趋势——比如在英国，Blundell－Wignall 和 Atkinson（2008）挑选出来的作为最早实行巴塞尔协议Ⅱ的国家。在那里，资产支持商业票据的发行一直增加直至2007年危机开始。

这样一来，我们有理由去怀疑 Blundell－Wignall 和 Atkinson 声称的巴塞尔协议Ⅱ足够快地产生效用进而促进金融危机的形成。然而，还有一种可能（取决于国家）就是恰恰在对巴塞尔协议Ⅱ实施，加倍对资产支持商业票据资产的资本要求的预期下，欧洲资产支持商业票据发行在2005、2006年达到高峰或者继续增加。就欧洲资产支持商业票据发行有助于长期资产支持证券的发行来说，欧洲银行增加资产支持商业票据的发行，这样它们就可以在巴塞尔协议Ⅱ生效前建立尽可能多的私人抵押支持证券。这种解释暗示了实际上，资本宽减是资产支持商业票据发行背后的驱动力——但是，它也暗示了我们不应忽视巴塞尔协议Ⅱ对银行资产负债表上的资产承诺的资本宽减：对 AA 级、AAA 级资产支持证券，包括私人抵押支持证券的20%的风险权重，这也是早年追索权规则在美国发起的风险权重。巴塞尔协议Ⅰ对资产支持商业票据建立的近乎为零的资本要求以及新规定在美国对依靠按揭池发行的资产支持商业票据要求的0.5%的资本要求，可能为银行提供了额外的资本宽减，它们被用来创建分级的、超额抵押的资产支持证券，具体过程是将个人的应收账款转化成非结构化的资产支持证券，再结构化，再评级。

这样，巴塞尔协议Ⅰ和新规定实施的低资本要求对于这一过程来说是必需的先决条件，对涉及的银行来说有重要作用。然而，这也意味着，资产支持商业票据增加的根本原因，其另一端是一种方式——在很大程度上是资本宽减，是追索权规则和可能的（取决于它的生效时间点）巴塞尔协议Ⅱ为在银行资产负债表上评级的、结构化的资产支持证券提供的资本宽减。也就是说，即使对资产支持商业票据在资产负债表之外的资本宽减是结构化的可以卖出取得利润的资产支持证券产生的先决条件——一些我们假装不知道的东西——促成金融危机的充分条件，而且可能引起很大比例资产支持商业票据的发行，是资产负债表上结构化的、高评级的资产支持证券能实现的资本宽减。

对结构性投资工具（SIVs）的高估

这将我们引入到很有争议的结构性投资工具身上。

一部分（大致四分之三）的结构性投资工具资产不是由资产支持商业票据资助的，它们在巴塞尔协议Ⅰ下提供完全的资本宽减，因为资助银行对结构性投资工具投资者没有作出法律承诺，不同于它们对资产支持商业票据购买者提供的流动性支持。然而，正如我们看见的，尽管没有与法律结合在一起，银行的声誉仍然站在结构性投资工具背后。截至2007年底，在经济危机发生之后和资产支持商业票据还没有展期时，花旗集团觉得必须将所有的870亿美元的结构性投资工具资产带到它的资产负债表上，尽管它没有这么做的法律义务（Jablecki和Machaj 2011，223～224）。花旗集团和其他银行的结构性投资工具加固迅速地在银行资产负债表上带来了大约4 120亿美元，从而创造了这样一个印象，即这种松懈的监管助推了金融危机，因为结构性投资工具——除了它们的资产支持商业票据的组成部分——不受巴塞尔协议Ⅰ或者追索权规则监管。

然而，就资产支持商业票据来说，我们需要区别原因与影响。既不是结构性投资工具也不是对它的加固导致了包括资产支持商业票据和资产支持证券在内的所有类别的资产支持票据的恐慌。恐慌是由于人们对次级抵押贷款违约产生的对所有高评级资产债券的担心引起的（尽管不需怀疑结构性投资工具加固一定加强了这些担忧）。如果AAA

级的次级私人抵押支持证券被误评，那么还有什么其他的高评级的债券也会被误评呢？（许多资产支持商业票据评级为 A－1 或 A－2，等同于短期的 AAA 级或者 AA 级）就此而言，谁知道资产支持商业票据资助的——或者在结构性投资工具中的次级贷款债券有多少呢？这些恐慌，导致了资产支持商业票据投资者拒绝去展期他们的债券，也间接地或者直接地导致了结构性投资工具加固。例如，以花旗集团为例，加固的意图是阻止恐慌性的评级下降（Harrington 和 Hester 2007）。

然而，实际中，根据 IMF 的资料（2008a，70），尽管世界范围内的 29% 的结构性投资工具资产是一种或者另一种私人抵押支持证券，仅仅只有 8% 的结构性投资工具资产是次级私人抵押支持证券。还有 15% 是担保债务债券，8% 是商业按揭支持房地产债券，12% 是非按揭的资产支持证券，6% 是抵押贷款债务；剩下的结构性投资工具资产不是任何种类的资产支持证券。低于 1% 的花旗银行的结构性投资工具资产是次级债券，很明显是担保债务证券（Harrington 和 Hester 2007）。然而 Greenlaw 等（2008，图 3.8）估计美国银行手中的私人抵押支持证券中的次贷总计 2 500 亿美元，即占资产负债表上的私人抵押支持证券的 3 830 亿美元的 65%。结构性投资工具的次级私人抵押支持证券仅仅构成了世界范围内结构性投资工具持有的私人抵押支持证券的 29%，价值仅为 332 亿美元（IMF 2008a，70）。

结构性投资工具可能助推了危机和衰退，以我们在第 3 章讨论的追索权规则一样的方式，追索权规则与按市值计价会计准则一起助推了危机：向获取后来（被市场）认为高风险资产的银行提供资金救济，即使实际上它们不是。然而结构性投资工具中持有的那一小部分的银行资产表明大多数银行考虑到名声问题不去为了资本宽减目的（或者其他目的）使用结构性投资工具——即使一个资本良好的美国银行在其资产负债表上持有结构化的 AAA 级的资产支持证券，也接受

2%的资本要求（0.20 的风险权重×0.10 的资本要求），相比而言，若是在资产负债表之外持有这些，就不需要资本要求。在世界范围内总计4 120 亿美元的结构性投资工具资产远少于2007 年底的北美和欧洲银行在资产负债表上62.3 万亿美元资产的1%（IMF 2009a，177）。

尽管它们的加固对商业银行的监管资本水平产生影响，从而影响银行的放贷能力，但是结构性投资工具的重要性并不清晰。结构性投资工具资产的8%——在风险加权之前，在巴塞尔协议Ⅰ和Ⅱ下的非美国银行的资本费用——达到330 亿美元，导致放贷能力达4 125 亿美元的下降；我们如果使用对资本良好的美国商业银行10%的资本费用计算放贷能力的下降，结果是3 300 亿美元。然而，与支持资产支持商业票据的，一旦加固必须对底层应收账款征收全部资本费用的非结构化资产池相比，70%的结构性投资工具资产是结构化的资产支持证券（IMF 2008a，70），68%的结构性投资工具资产被评为AAA 级，20%被评为AA 级——它们在美国受追索权规则的约束，在美国之外的其他地方受巴塞尔协议Ⅱ的约束，被划分到20%的风险类别中，在美国有2%的资本要求；在美国之外的地方有1.6%的资本要求。除了0.2%的余下的世界范围内的结构性投资工具资产，或者11%被评级为A 的，从而划入受追索权规则和巴塞尔协议Ⅱ监管的50%的风险类别中（表2.1），各自分别有5%或4%的资本费用。国际上对结构性投资工具资产的分类，我们缺乏此类数据，所以为了简便我们采用对在（资本良好）美国银行的高资本费用代替，对加固了的资产支持证券的总体资本费用，AAA 级和AA 级资产的资本费用是50 亿美元，A 级资产是3.17 亿美元，BBB 级资产的资本费用是1.83 亿美元，总计达到55 亿美元——如果所有结构性投资工具都在美国的话（与事实相反），会导致放贷能力下降550 亿美元；或者，如果所有结构性投资工具都在美国之外（与事实相反），会导致放贷能力下降660 亿美元，并且都会受制于巴塞尔协议Ⅱ的8%的最低资本比率要求，即杠杆比率为12.5:1。

当然，真实的数据不容易得到。第一，在加固后，结构性投资工具资产受制于按市值计价的资产减记方式，正如第3章说的，会通过从银行收益中扣掉相当于资产支持证券的真实价值与它们临时市场价格之间差额的金额，从而加剧了放贷能力的减少。基于对AAA级私人抵押支持证券部分的经验，这意味着加固资产60%的票面价值的缩水，或者额外的放贷能力的330亿~400亿美元的缩减（取决于我们是用8%还是10%的最低资本额度）。此外，正如简化公式描述的，我们在计算中省略了不是资产支持证券的30%的结构性投资工具资产。在美国，不管它们的短期评级如何，这些资产本可以完全吸收10%的资本费用（100%的风险权重），或120亿美元，尽管在巴塞尔协议Ⅱ下，与资产支持证券一样，它们在20%和50%的风险类别中，这会大幅地降低资本费用。然而，即使在最坏的情境下，由于结构性投资工具资产加固而引起的总放贷能力的降低在世界范围内仅达到1 180亿美元，这与由于在资产负债表上的AAA级部分私人抵押支持证券的划减引起的单在美国的2.5万亿美元的放贷能力的减少，与由于单在美国进行的资产支持商业票据加固导致的1 310亿美元的减少相比（第3章），就显得无关紧要了。再一次引用花旗集团的例子，结构性投资工具资产加固对花旗的一级资本比率的影响仅仅是将它从7.32%下降到了7.16%（Harrington和Hester 2007）。一级资本仅占巴塞尔协议下一半的监管资本，因此其对花旗集团整体的监管资本的影响是极小的。

由于世界上结构性投资工具资产的数量比较少，由于巴塞尔协议Ⅰ和新规定对资产支持商业票据的资本宽减是有帮助性的——即使是必要的——角色，我们也会得出结论：资本套利煽动金融危机和大衰退的主要场地是在银行的资产负债表内，而不是表外。

注释

引言

1. 即使“理性无知”以及“信息不对称”这两个经济学家对“无知”做的主要的理论假设，将无知作为有意的决定，这些决定是由权衡学习成本与收益的机构，或者自身利益是通过向其他机构隐藏信息来获得的机构作出的。鉴于当代经济学对于真实的或无意的无知缺乏概念空间，因此经济学家没有选择，只能用“非理性”理论来解释这些错误。我们在第1章中将从两方面来评价这一两难境地。

第1章　奖金、非理性及过大：关于金融危机及其理论含义的传统观点

1. 房利美是由联邦住房管理局于1938年创立的。在1968年，国会通过特许法案，努力从联邦预算中取消房利美的成本，将房利美重组为政府资助的私人公司，受住房与城市开发管理部（Department of Housing and Urban Development）管理。换句话说，房利美的私有化使其债务不再出现在联邦账户上。房利美的私有化使得它的盈利归股东所有，而不是归美国政府，但是隐含着的美国政府对其债务的担保仍

然保留，自从其在大萧条期间创立以来该担保对它的职责来说是有根本性意义的：人为地刺激私人房贷抵押的发展。1968 年法案也授权房利美可以发行抵押支持证券，并且成立政府国家抵押协会，或称吉利美（Ginnie Mae），以为退伍军人和政府雇员提供联邦组织抵押的担保（这之前是房利美的职能之一）。1970 年，国会建立了另一个政府资助企业——房地美，来与房利美竞争。

2. 具体来说，我们所用的低曲线可参见 Scharfstein 和 Ivashina（2010 图 2）的理论中。作者热情地给我们提供数据。

3. 我们认为，有关房屋泡沫规模的另一部分解释有利于解决巴塞尔规则中关于抵押贷款和抵押贷款支持证券的问题，我们在第 2 章将讨论这一问题。然而，就像我们在后面解释的，房地产泡沫破裂时，其规模只与其对银行贷款的消极影响有关。

4. 实际上，通常超过 13 级债券，甚至具有更细的区别。

5. 通常美国政府资助企业享有资金优势，这使得它们能够垄断主要抵押贷款证券化市场，但一个例外情况是巨型优质抵押贷款证券化符合美国政府资助企业的原则，这可以通过证券化提供给需要买价格对他们来说很高的房子的信用评分高的借款人。

6. 例如，在 2007 年第二季度，国家授权银行发行的价值 730 亿美元的房屋抵押债券，而州政府授权银行发行的价值 280 亿美元的房屋抵押债券（这一信息由友善的联邦存款保险公司的 Katherine G. Wyatt 提供）。

7. 在这里给出的美国银行数据比表 1.1 中第 1 行第 2 列的数据要低三分之一，部分是由于这里的数据是基于 2008 年高盛提供给 Greenlaw 等人的数据，比表 1.1 基于的报告早一年（雷曼兄弟 2008），但主要是因为一些私人抵押支持证券的抵押品构成了优质而庞大的债券，对美国政府资助企业来说对其证券化规模太大而难以实现。我们主要依据表1.1的数据，因为它们比较新而且因为出于按市值计价目的的抵押债券的价格主要是基于对它们的评级和期限，而不是抵押品构成；这对于以市场带动的行为以及代表信用违约互换部分的次级房屋贷款债券价格综合指数尤其适用，其过去是用来替代真实价格的（见第3章）。

8. 金融服务现代化法案（Gramm - Leach - Bliley Act）的强力推动者 Phil Gramm 议员以前是经济学教授，如迪克阿米（Dick Armey）代表，在金融服务现代法案建立时期是众议院的主要领军人。实际上，美联储、联邦存款保险公司等作出所有决定的人也是有大学学历的经济学家。

9. 与 Frank Knight（1921）相似。

10. 因为美国国际集团有 AAA 评级，许多该公司的合约方已经通过抵押品出让了公司，这是大多数信用违约掉期的惯例。James Keller 这样描述，“在衍生品交易的世界中，雷曼而不是美国国际集团是个典范。这就是说，银行有足够的抵押品以对抗合约对手方的要求。那些与雷曼进行衍生品交易的交易者似乎有充足抵押品来掩盖在雷曼破产申请过程中，其交易的不确定性。但是，美国国际集团不必经常公布抵押品来保证 AAA 评级。2008 年 9 月 16 日，美国国际集团信用评级被下调，迫使其拿出其没有抵押的抵押品。”

11. 然而，房利美和房地美以一种明显的方式与抵押贷款绑在一起。对其偿付能力的担心因而使银行贷款能力从 2007 年中开始降低，虽然如我们已经看到它们实际上似乎没有这样做了。然而，在美国国际集团的案例中，直到 2008 年 9 月，人们才广泛地认识到大保险公司中的一个小部门发行了足够多数量的抵押债券信用违约互换以使美国国际集团陷入金融困境。美国国际集团的债券发行速度超过了国债，到 2008 年 9 月 16 日，已经完全失去控制，当美国国际集团失去 AAA

信用评级，并因此不得不为其信用违约互换的合约对手方提供抵押品（Risk Metrics 2008）。因此，对美国国际集团偿还合约能力的担忧，那些合约使得银行的贷款从2007年年中开始下降，这似乎不太可能。

12. 这些数据首先是整合在美国投资银行和商业银行的资产敞口中（区别是别的国家不存在这种情况）；这其中包括一个中间数量的机构债券，而不是非美国银行持有的私人抵押支持证券。基于表1.1，对美国商业银行的投资组合中的私人抵押支持证券集中度更精确的指标将在第2章中给出，但是我们发现对于非美国银行来说没有这种指标。

13. 相关的法规见联邦储备法案的第23a和23b部分。

14. Posner法官是法律与经济运动的发起人，将激励分析用于法律研究中。

15. 我们不考虑理论论文如Bolton、Mehran和Shapiro 2010；规范性论文如Core和Guay 2010；理论/规范性论文如Bebchuk和Spamann 2009；绩效激励实证论文（不含在金融危机时期发表的）如Mehran和Rosenberg 2009。

16. 然而，我们所指的不仅仅是“理性代理人”了解正确的宏观经济理论的假设——Colander和他的同事集中批评的有效市场假设；我们采用这一假设仅仅是表明一个例子，一个经济学家的微观经济学推理具有的普遍缺陷；相关一篇评论，参见Kirzner 1997。我们也忽略了文中Akerlof于1970年提出的“信息不对称”文献，由于这个文献保存了代理人全能的假设，这些代理人知道他们需要了解什么以从其他代理人的无知中获得优势：例如，二手车销售人员知道他们需要知道什么，如果他们希望从他们的客户中获利。在某些案例中这是毫无争议的事实，但是我们的异议是一个先验的假设，即关于无知的所有或大多数案例是不对称的，并且是由富有经验的人深思熟虑的欺骗引起的（了解 Akerlof 所相信的信息经济学的认知论评论，见 Evans 和 Friedman 2011）。例如，这个假设实际上不只是减弱了对发现投资银行家们是否知道他们这个在销售高估证券的研究，或是否商业银行高管们意识到他们正在经历不计后果的风险，或是否银行的高管们或债权人以特定银行太大而不能倒这一信念来行动的动力。它也取代了由高效的无所不知的自私自利的代理人所创造的乌托邦式的芝加哥学派的形象，一个糟糕的社会，其中贪婪的资本家是无所不能的，足以总是欺骗他们的对手，而且从不犯非受迫性的错误。这些假设驱使形成的社会景象构成了意识形态而不是学术。

17. 我们指的完全理性的代理人与经济学家指的是一样的。一个理性的代理人将自身行为作为实现其偏好的方式。韦伯称之为目的理性行为或工具理性。然而，经济学家经常忘记的是如果在一个工具理性代理人未知、信息不全或错误理解关键事实（例如未来将持有什么）时，他的行为足可以导致其不能达到其目标。因此基于疏忽的错误不是经济学家经常作为假设的非理性的例子（例如 Akerlof 和 Shiller 2009；Caplan 2007；Shiller 2005 和 2008）。见本章的最后部分。

18. 我们强调这极有可能，因为它实际上易受常规模型影响，因为随机行为能够预期以抵消数量众多的代理人的行为。然而，在真实世界中，无知并不一定存在于随机行为中，因为没有人是完全无知的。取而代之的是人们可以接触不同的不完整和误导信息，他们根据经时间考验通过文化（或生物）条件建立起来的理论和认知启发评估其完整性与充分性。特定的代理人行为因此是非随机的但仍难以预测，除非他能很好地洞见他或她自己的认知基因，以及他或她整个观察和解释的历史。

19. 资本良好银行的费用大概是资本充足银行，如联邦存款保险公司存款保险费的两倍。只有资本良好银行能够接受经济存款。

20. 这些数字不包括资产负债表外承诺，正式与非正式的，就像附录Ⅱ中讨论的。

21. 这个证据也破坏了斯蒂格利茨（Stiglitz）的断言，因为金融服务现代化法案，投资银行的风险承担特点渗入商业银行，这些商业银行由相同的持股公司所拥有。深思熟虑的风险投资者从不买入或持有高级别的私人抵押支持证券或代理公司债券，它们会达到法律允许的最大化杠杆水平。实际中，商业银行和投资银行具有非常不同的风险投资组合，就像表1.1第一行和第三行所表明的：61%的投资银行的私人抵押债券是债务担保证券或来自夹层债券，而商业银行和储蓄机构持有不知名的夹层抵押债券和19%的债务担保证券。这些数字包括巨大的商业银行，这些商业银行是包括投资银行在内的持股公司的组成部分。

22. 后三个数字来源于Stefano Giglio提供的数据。可能有人会问，正如我们在讨论Fannie和Freddie中指出的，在雷曼兄弟破产之后，大型银行的利差飞涨。这清楚地表明在雷曼兄弟倒闭之前，大型银行正享受着低资金成本，实际上，这是因为普遍认为的它们规模太大而不能破产。然而，在2008年3月后这显得很合理，当贝尔斯登被救助（在美联储的金融救助安排下其被JP摩根大通兼并）。贝尔斯登是目前为止大型银行中规模最小的。它的被保护已经建立起这样一种印象即越大的银行越有可能被保护。但这并不意味着在2008年之前那些年，当大银行投资于抵押支持债券时，它们享受着更低的资金成本，由于债权人坚信它们规模太大以至于不能倒闭。

23. 住宅—权益贷款是将现金借给抵押人来收取一定的利息。贷款数量和利息额也算在抵押中。房屋净值信用额度像一张信用卡，购买物和利息也算在抵押中。当房主拿出价值更大的抵押品时，偿还了之前的债务，收入两者的差额的情况下，现金不足再融资兑现便会产生。随着抵押的低利率和进一步下降，房主可以在没有增加每月支付数额的情况下增加贷款的数额。

24. “房利美的雨季看不到房屋泡沫，低利率”，Bloomberg. com，2003 - 06 - 06。

25. 在《动物精神》（2009）中，Shiller 和 Akerlof 以启发式/偏见文献的形式偶然使用了真实的物理学认知方法，如我们在引起后见之明偏见时所做的。然而，我们将此文献所列为的算术或解释错误称为“非理性”是不合适的。在犯这种错误时，一个人实际是在理性过程中，但是又显得不能胜任（因此，我们不指责 Shiller 是非理性的仅仅是因为他的事后偏见；他仅仅忘记了他 2005 年所说的，并且错误地解释了格林斯潘 2007 年所写的）。不能胜任与非理性是不一样的，至少与当 Shiller 使用这一词时不是一个意思。见 Simon1985。

真实的（科学的）心理认知（例如 Nisbett 和 Ross 1980；Kahneman、Slovic 和 Tversky 1982）并不是诊断非理性，虽然真实的情感心理学也不是这样；所有科学心理学的目标是解释行为，包括错误，不是通过解释消除它。被 Shiller 和 Akerlof 所使用的解释的词汇不是基于科学心理学，甚至是当描述认知心理学的发现时。它仅仅是心理学修辞。不是文化认识论的研究兴趣，即 Shiller 和 Akerlof 讲述的关于人们如何犯经济上的错误的故事，就如同一种情感故事在蔓延。这里的心理学背景甚至没有超出柏拉图（情感与理性竞争）与亚里士多德，更不用说现代的实证心理学。而且，启发式与偏见认知心理学很大程度上对于个人的思想来说是内生的（从生物过程的意义讲），而不是源于“社会”，就像 Shiller 和 Akerlof 坚持认为的。但是我们主要的异议是 Shiller 和 Akerlof 提供的证据很少，即最初柏拉图心理学力量是在一般的资产泡沫或尤其是金融危机中起作用的。例如，Shiller（2005，20）将住房总是一种好的投资对象这一幻觉归因于当人们出售其住房时，大部分时间他们错误地将通货膨胀刺激的价格增长解释为真实投资报酬。这种错误的解释并不是非常不理性的；然而非理性的词汇使其归入一种通俗的解释。

第2章　资本充足规定与金融危机：银行家和监管者的错误

1. 这个规定不适用于发生在二级股票市场的交易，在那里投资者从其他投资者手中购买股票。从根本上说所有的股票的最初都是从发行公司那里购买的，但是绝大部分的股票交易是在股票市场里的后续投资者之间进行的，而不是在银行或者其他公司及其投资者之间进行的。

2. 见 Tarullo 2008，42～43。

3. 然而，Charles Rochet（2010，30）主张“按揭风险的良好处理是对美国政客要求作出的回应”。

4. 资本良好银行必须保留最少10%的风险调整资本（一级资本加上二级资本），还要保持对一级资本的最低风险调整资本比率为6%，一级资本的杠杆上限保持在5%。例如，5%的最低非风险调整资本比率（联邦存款保险公司规则和规定，§ 325.103）。为了简洁明了，这些复杂的情况在随后的例子中被省略掉了。

5. 这些情景仅仅是为了解释目的设定的。在现实中，从法律上来说，一个美国商业银行的杠杆不能达到50:1 的水平，见前面的注解。

6. 和美国金融监管者一样，其也提出使用信用评级来评价风险水平，进而规定高级（AAA 级）资产支持证券的资本的合适水平的建议，见第3章。

7. 追索权规则正式提法为2001 基于风险的资本指导方针的最终

规则；资本充足率指南；资本保值：资本追索处理条例，直接信贷替代和资产证券化的残余利益（2001 - 11 - 29）。

8. 59 Fed. Reg. 27116（1994 - 05 - 25）.

9. 62 Fed. Reg. 59943（1997 - 11 - 05）；65 Fed. Reg. 57993（2000 - 09 - 27）.

10. 规则下的各种类型的信用增强的定义和解释见 Mabel 2001 和 Smith 2002。

11. 参见 66 Fed. Reg. 59616。

12. 对追索权规则的效果的简单处理见 Friedman 2009；Kling 2009，2010；Acharya 和 Richardson 2009a，ch. 2 和 2009b；Jablecki 和 Machaj 2009；Taylor 2009 和 Wallison 2009a。

13. 我们希望可以呈现评级为 AA 或者 AAA 的资产支持证券和私人抵押支持证券（PLMBS）所占比例在不同时间的数据，但是我们没能找到这样的数据。

14. Blundell - Wignall 和 Atkinson 也认为花旗集团预测到了巴塞尔协议Ⅱ在美国的最终实行，但是我们认为这是不可能的，因为他们有文件证明在巴塞尔协议Ⅱ之前的评级套利是在 2004 年公布的或者是最终在 2005 年定下来的，另外，巴塞尔协议Ⅱ和追索权规则之间的区别在大多情况下是可忽略的。

15. 很明显，这里过度简化了：可假定银行家关心所有的这些因素，包括公平交易（此外，三个因素中的两个——收益率和资本宽减——当与风险权衡后最终应该会转化为利润）。因此，如果 AA 级私人抵押支持证券的收益率更高，它们就可能在商业银行中找到一些买家。

16. 也就是说，除非他们在那三个月筹到了足够的资金或者卖了足够的资产，从而重新达到 8% 最低法定资本要求，然而这种情况下，人们会再一次怀疑法定最低资本的目的。如果目的是给银行家时间去"解决问题"，破产的特殊条款也可以发挥同样的作用，但是不用同时要求银行家去改变他们资产组合的成分，并致力于精心制作表外业务活动以不至于在无意义的监管"缓冲"上浪费资金。我们并不把这个当做一个政策建议，但是我们尝试去强调法定资本最小值的净效应——推动监管资本套利，这样银行不会降到"良好"或"充足"的资本水平之下——在三个月不确定的窗口期可能不会有很大程度的减缓，即监管者要确定该银行的管理层是否做了应该做的，如果银行将来逃脱扣押，如果没有做到，管理层应被解雇。见 GAO 2007，13～14。

第3章　监管和大萧条的相互作用：市场价格崇拜

1. *Accounting for Certain Investments in Debt and Equity Securities*，财务会计标准115的表述（FASB 1993）。

2. 即使我们面对的是物理属性上完全一致的物品，也没有两个产品是完全一样的，因为顾客对一个物体的反应是因情况而异的（一般来说，基于历史的和基于特性的）。在2010年一个iPad作为一个美妙的创新可能给某个客户带来震撼，然而同样的一个客户不会在两年之后再这么想，而且在2010年另一个客户可能会认为一个物理特性上完全一样的iPad是一种浪费或者是对纸质书带给人们愉悦的公开破坏。如果苹果公司能够预测到2011年的销售量（更不用说2012年的）是2010年销售量的直线上升，它就不会长期在生意场上生存了。换句话说，同样的一件物品会在同一时间被不同的人划分为不同的类别，或者是被同一个人在不同的时间划分为不同的类别；生产者的工作，用斯蒂格利茨的话来说，不是搜出"相关的信息"，而是在基于消费者现在如何去给某种产品分类以及将来如何会改变这种分类，去解释相关信息。

3. *Fair Value Measurements*，财务会计标准 157 的表述（FASB 2006），§40。

4. 我们将由卖方的流动性需要或者其他卖方与买方与他们个人的资产功用的不同引起的资产出售归为消费品——而不是由于关于资产潜在收益的不同观点或者资产的最终转售价值而引起的资产出售。

5. *Accounting for Certain Investments in Debt and Equity Securities*，§16.

6. *Disclosures About Fair Values ofFinancial Instruments*，财务会计标准 107（FASB 1991）的陈述。

7. *Accounting by Creditors for Impairment of a Loan—an Amendment of FASB Statements No. 5 and 15*，财务会计标准 114 的表述（FASB 1993）。

8. 人们可能认为这个条款给银行，通过它们的会计师声称一项资产暂时性减值，来绕过盯市规定。但是这里 FAS 115 与一个法规——《萨班斯—奥克斯利法案》（*Sarbanes – Oxley Act*）相互作用，它恰巧是在追索权规则生效之后颁布的："《萨班斯—奥克斯利法案》在 2002 年通过之后，上市公司审计师的角色就从服务提供者转换到了监管者的位置上。审计师开始对其客户的财务报表实行更大的监管，财务会计标准委员会（FASB）被美国证券交易委员会拥戴为审计行业的规则制定者。审计师无法公开违抗 FASB，而实际运行中，上市公司也不能在这个新的框架下违抗它们的审计师"（Burton 2009，130）。

9. *Fair Value Measurements*，财务会计标准 157 的表述（FASB 2006）。

10. 同上，§5。

11. 第三种方法，依赖于“共识定价服务”或者反映公司对价值的自我估算的“难以察觉的投入”，被用于7%的银行资产。这个方法，通过现金流预测而不是市场情绪来估计资产，听起来像是一个能让公司免受盯市规则影响的漏洞，但是，是会计师而不是银行自己，来做实际决定，而且如果会计师没有真正觉得一个资产是暂时性减值并必须标记下来时，这些决定都无法作出。

12. 这些数字是从 Lehman Brothers 2008，图 4 中得到的，其中包括在 2007 年第四季度末被加固到银行资产负债表的结构性投资工具（SIV）资产。参见，例如 IMF 2008a，图 2. 2 和 Gorton 2008。

13. 原则上，这三家机构至少应该是相互竞争的，尽管现实中，它们看起来发现让客户去“评级商店”从而找到一种特定的证券的最好的评级者，会更加赚钱。如果有任何竞争，那就是降低标准的竞争。标准的降低可能受追索权规则和两个国家认可统计评级机构（NRSRO）的其他法规要求所鼓励（Jones 2008），如果某个机构不与其他两个保持同一步调的话，将会使这个持有不同意见的机构失去业务（这样能使其他两个机构垄断它们之间的两次评级业务）。考虑到两次评级的规定，三家机构刚好是能保持评级方法同质化和使任何对彼此评级方法的怀疑消停的完美数量。而且它也解释了为什么它们的标准在惠誉长期以来是一个略小的机构（虽然是三家 NRSROs 中的一个）在 20 世纪 90 年代成为一个重要的参与者后有一个明显的下降。

14. 美国证券交易委员会在 2003 年将 NRSRO 的身份给了一家加拿大债券评级机构，并在 2005 年给了一家保险公司评级机构（White 2011, 393），但是似乎这两家公司中没有一家尝试在评级资产支持证券上与三大评级公司竞争。

15. 从国际清算银行的报告看（2005, 27, 补充强调）：“尽管高进入成本——或许是由监管促成的——限制了结构化融资市场的机构数量，机构间的以及复杂的保荐机构之间的竞争看起来似乎能推动结构化融资市场评级方法的持续提高”。然而，报告也提到“三大主要评级机构穆迪、标准普尔和惠誉国际的担保债务证券（CDO）的评级方法大致上是相似的”（19），而且它没有提到 NRSRO 的目的是对进入造成不可逾越的鸿沟，而不仅仅是而一个高壁垒。看起来监管者模糊地意识到了围绕在评级机构的监管，但是对找出它们到底是什么没有兴趣。它们感兴趣的是评级机构采用的“发行人支付业务模型”造成的道德危机。

16. 66 Fed. Reg. 59614（2001－11－29），59626.

17. 59 Fed. Reg. 27116（1994－05－25）.

18. 62 Fed. Reg. 59943（1997－11－05），59951.

19. 65 Fed. Reg. 12320（2000－03－08），12323－24.

20. “The Silence of Mammon”，*Economist*，2009－12－17.

21. 见 DeCanio 2000 和 2006，文章强调了监管者和其他政府官员由于公众对他们行为的忽视而享有的自治权。

22. Nouriel Roubini 的确预测了 2006 年金融危机和大衰退的主要特征（见 Roubini 和 Mihm 2010，1～3）。然而，他正确的结论是从错误的理由中推导出来的：他在前几年预见了由美国公债、保护主义、衍生产品、宽松货币和对冲基金（Hoffman 2009）之后，预见到了由高杠杆导致的金融危机和世界范围内的衰退。然而，事实上，大衰退中有因果关系的机构——商业银行，而不是投资银行——如图 2.3 所示，在 2000 年后的几年间保持平稳的杠杆比率；而且，如果有什么发生的话，正如第 2 章解释的，它们立即通过转向低风险权重资产来降低杠杆率。

第4章　资本主义与监管：无知、异质性和系统性风险

1. 清算机制的简介，见 Gorton 2008，64。

2. 我们在第1章见到 Stiglitz（2010b）对“不确定性”这一观念不屑一顾，这样的话他同样可能对监管者在预测不同资产类别的“风险性”时犯错的可能性不屑一顾。

3. 这可能会让人想起我们在第1章讨论的太大而不能倒（TBTF）理论的逻辑。但是我们没有说债务的成本——不管是银行债务，按揭人债务或者中央政府债务——对债务人的行为没有产生影响。我们仅仅讨论了大银行债务的低成本是否是由于投资人确信这些银行会被救助。

4. 66 Fed. Reg. 59614（2001-11-29），59626.

5. 65 Fed. Reg. 12320（2000-03-08），12323-24.

6. 59 Fed. Reg. 27116（1994-05），27127.

7. 同上。

8. 竞争不会让这些人变得不那么容易犯错误，但是它会让那些使用持续导致错误的评级方法的评级公司被那些使用更好评级方法的公司代替。

9. 当然包括我们自己。意识形态，或者对至少不那么全面的认知模型的使用，是不可避免的。然而，一些模型可能比另外一些更加能够准确地对数据作出建模。

10. 15 U. S. C. A. § 780-787.

11. 在危机之前和危机发生期间，没有能在最好的新闻媒体，例如，在 Dizard 2009，Jones 2008 和 2009，和《金融时报》的 Plender 2009 中，在纽约时报商业版 Norris 2009（或者《纽约时报》的头版

Morgenson 2008)；Bloomberg. com. Smith 2008b，找到一份关于评级机构的重要方面的报道；找到的唯一一个例外是 Lowenstein 2008，它里面有关于 1975 年美国证券交易委员会决议的信息，但是没有评论，其内在是一篇《纽约时代杂志》的好文章。

12. 考虑到我们对经济主流的批评，我们希望明确一点，我们没有暗示，当经济学家意见统一时，他们一定是正确的。正如任何一个不同意他的或她的同僚观点的人可能是错误的，那么当他或她统一同僚观点时，也可能是错误的。见 Bennett 和 Friedman 2008，201 ~ 206 和 passim。

13. 对某种行为实行罚款、监禁或者死刑的法律并没有真正地强迫任何人去服从它。如果他们认为刑罚，与他们选择服从而处于的危险相比，没那么重要的时候，他们仍然可以选择不服从。即使拿枪指着某人并威胁他或她，严格来说，并没有强迫她去合作；只有抓着某人并约束住她的手脚，才算是强迫她合作。另一方面，所有的这些常用手段都被视为"强制性的"。用这种标准衡量，用更高的资本费来威胁一个投资于监管者认为相对不安全的资产的银行，与用罚款来威胁一个不遵守国内税收法典的纳税人是一致的。

14. 运行这一进程的进化过滤器是为了在客户愿意的价位卖出这些产品这一最终需求服务的。易犯错误的客户喜欢与否构成了导致不适应企业灭绝的最终选择机制——不是个人（Friedman 2006，477 ~ 481）。由于这一原因，Alchian 的关于经济和进化的对比与社会达尔文主义一点关系也没有，正如一个粗心的新闻工作者最近提出的（Fox 2009，93；参见 Stiglitz 2010a，273）。个人作为消费者，只能以决定竞争业务适合度的"环境"形式进入到进化进程中。Alchian 也没有将规范权重与适应度本身联系起来，而社会达尔文主义这么做了。只有人们插入规范前提，即 Alchian 描述的竞争经济进程才会被认定（有争议的）为“好”时消费者的需要才能被照顾到。只有人们相信消费者，作为人类，有权得到一些东西，如幸福、满足或者从不安中解放，才能插入这个前提。但是这个前提内在地是平等主义的（见 Sen 1979），与社会达尔文主义认为的“不适宜”的人类应当被留下毁灭相矛盾。

第5章　结　论

1. 自始至终，我们是以表1.1中这项声明为基础的，表2.2和表2.3也是从表1.1中得出的。表1.1合并了被广泛引用的由 Akhil Mago、Rahul Sabarwal 和 Madhuri Iyer 撰写的2008年4月11日的雷曼兄弟发布的报告中的图4（例如，Acharya 和 Richardson 2011，表1.1，和 Krishnamurthy 2008，表1）中的数据。这是我们能找到的关于按揭债券分布的唯一全面的数据来源，包括它们的评级。这篇报告解释了这些数据来自“美联储，美国联邦存款保险公司，（和）各种金融机构的网址”。我们认为最开始的两个数据源提供了关于投资银行、商业银行以及储蓄机构持有的私人抵押支持证券的数据，而且这些数据被其他数据证实了，比如国际货币基金组织在2009年《全球金融稳定报告》（表1.2）中发布的美国银行持有的全部抵押和证券化抵押的数据，和一篇半年前不同组的雷曼分析师写的关于 AAA 级 PLMBS 和 CDOs 在美国银行中的百分之百的统治的报道（在资产负债表上）。雷曼兄弟2008年的数据与 Greenlaw、Hatzius、Kashyap 和 Shin（2008）基于高盛私人提供的数据的分析一致。然而，不能期望各种金融机构的网址成为关于成千上万的保险公司、不动产投资信托公司、对冲基金的投资证券组合的精确来源。这种考虑表明2008年雷曼分析师可能低估了这些投资人持有的这些债券数量。另一方面，2008年4月雷曼兄弟分析师认为对所有私人抵押支持证券的投资总数量达到2.233万亿美元，与美联储2008年7月的数据，表1.54，71行，非常接近，美联储给出的证券化的美国按揭贷款在2007年底的总量达到2.132万亿美元（http：//www.federalreserve.gov/pubs/supplement/2008/07/table1_54.htm）。那么，看起来雷曼兄弟从它的网址上推断它们所列名单上的各种私人投资者大致的购买总量。我们仍然对不同种类的非银行的子类投资人的具体金额保持怀疑，虽然在表2.2和表2.3中修正了这个问题。

2. 见Caplan 2007，183～185。

3. 在Friedman 1996，我们中的一个的确批评了将这一假定应用到政治领域中去。

4. 评论文章见Evans和Friedman 2011。

附录I　有关公司薪酬理论假设的学说

1. 他们将Bebchuk等（2009，nn6－8）列为评论员，作为对Fahlenbrach和Stulz、Kevin Murphy、Joseph Grundfest和Jeffrey Friedman的回应。

2. 不幸的是，当Bebchuk和他的同事提供了2002至2008年在两家银行任职的最高层的五位高管的所有收入的数据，他们也提供了两位CEO，即Cayne和Fuld，由于没有在危机前售出股票而遭受的损失的数据，而这一数据已经有Bebchuk回应的评论家报道过了。然而，这些高管公开的巨大金额是唯一相关的议题，因为它暗示了他们没有意识到他们自己的行为或者他们授权的行为给他们的公司带来的危险。Bebchuk的文章没能深入跟进这个议题主要在于它没能调查危机中两家公司的所有高管的总损失。

3. Bebchuk 等人想尝试证明高管从导致危机的行为中获益，即使他们出现了净账面损失：尽管有净账面损失，毕竟他们在危机中比在危机前期变得更加富有。但是没有人质疑这点。问题是他们在危机前几年采取的行为是故意的不顾后果的对它们薪酬包的刺激的回应，而不是它们是否因为他们的行为（或者他们控制范围外的因素）变得富有了。举例来说，如果他们在危机前卖出他们的股票的话，Cayne 和 Fuld 会比以前富有三倍，假使他们不知道他们的公司正处于危险之中。

4. Bebchuk 等人不断合并规范问题和历史问题，或者与过去的缘由一起推进的“政策暗示”。我们可以参见发挥作用的政策通道观（见第 1 章）。

5. 特别地，一份瑞士联合银行（UBS）给瑞士政府的报告显示 UBS 员工有买从抵押支持证券（MBS）中间层构建出来的，并因此进入更高收益流的担保债务证券（CDOs）的绩效激励，不管它是不是 AAA 级。然而，没有证据能证明这些员工知道其中包含的风险并抑制消息传播以使自己的报酬增加。恰恰相反，评估风险的责任被分配到各个不同组别的雇员身上去了，并且他们“依赖于某些次级头寸的 AAA 评级”，尽管担保债务证券是从更低评级的 RMBS 衍生来的。这种现象在行业中很普遍。

附录Ⅱ　资产负债表外的巴塞尔规则

1. 债务担保证券，反过来，给 PLMBS 和其他最初在通道中存储的资产支持证券分级。

2. 然而，剩余利益，如资助银行直接提供的留存收益部分，可能构成了信用升级的一种形式，它可以看成是对资助者的“追索权”，引发资本费用，因为如果资助银行持有剩余利益，它暗示着没有“从资助银行到特殊目的实体的资产的真实销售”。结果，剩余利益由另一个特殊目的载体，而不是资助银行持有。“真正的销售”发生与这个第二载体有关。

3. 穆迪和惠誉国际使用不同的符号来标出标准普尔称为的 AAA 级、AA 级和其他债券安全等级，同样它们也使用不同的短期符号，但是我们使用最广为人知的标准普尔符号。

4. 为了简化的目的，我们大量轻描淡写资产支持商业票据的各种用途，正如 Poszar 等人的读者 2010 年发现的。

5. 69 Fed. Reg. 44，909.

6. 69 Fed. Reg. 44，908 ~ 925（2009 - 07 - 28）.

7. 69 Fed. Reg. 44，909 ~ 910.

8. 正如我们在图 2. 3 中看到的，从 2002 到 2004 年，欧洲银行也减慢了资产支持商业票据发行的步伐。这看起来是由于欧洲银行想等待一旦美国监管形势明确“尘埃落定”后来看竞争形势。感谢 Philipp Schnabl 为我们指出这一来源。

参考文献

Acemoglu, Daron. 2011. "The Crisis of 2008: Lessons for and from Economics." In Friedman 2011.

Acharya, Viral V., and Matthew Richardson, eds. 2009a. *Restoring Financial Stability: How to Repair a Failed System*. New York University Stern School of Business/ John Wiley.

———. 2009b. "Causes of the Financial Crisis." *Critical Review* 21 (2–3): 195–210.

———. 2011. "How Securitization Concentrated Risk in the Financial Sector." In Friedman 2011.

Acharya, Viral V., and Philipp Schnabl. 2010. "Do Global Banks Spread Global Imbalances? Asset-Backed Commercial Paper During the Financial Crisis of 2007–09." *IMF Economic Review* 58: 37–73.

Acharya, Viral V., Philipp Schnabl, and Gustavo Suarez. 2010. "Securitization Without Risk Transfer." Working Paper 15730, National Bureau of Economic Research. February.

Akerlof, George A. 1970. "The Market for 'Lemons:' Qualitative Uncertainty and the Market Mechanism." *Quarterly Journal of Economics* 89: 488–500.

Akerlof, George A., and Robert J. Shiller. 2009. *Animal Spirits: How Human Psychology Drives the Economy, and Why It Matters for Global Capitalism*. Princeton, N.J.: Princeton University Press.

Alcaly, Roger. 2010. "How They Killed the Economy." *New York Review of Books*, March 25.

Alchian, Armen A. 1950. "Uncertainty, Evolution, and Economic Theory." *Journal of Political Economy* 58 (3): 211–21.

Ashcraft, Adam B., and Til Schuermann. 2008. "Understanding the Securitization of Subprime Mortgage Credit." Federal Reserve Bank of New York, Staff Report 318, March.

Bair, Sheila C. 2010. "Statement of Sheila C. Bair, Chairman, Federal Deposit Insurance Corporation, on the Causes and Current State of the Financial Crisis, Before the Financial Crisis Inquiry Commission." January 14.

Baker, Dean, and Travis McArthur. 2009. "The Value of the 'Too Big to Fail' Big Bank Subsidy." Washington, D.C.: Center for Economic and Policy Research, September.

Balachandran, Sudhakar, Bruce Kogut, and Hitesh Harnal. 2010. "The Probability of Default, Excessive Risk, and Executive Compensation: A Study of Financial Services Firms from 1995 to 2008." Paper presented at conference on Governance, Executive Compensation and Excessive Risk in the Financial Services Industry, Sanford C. Bernstein & Co. Center for Leadership and Ethics, Columbia Business School, May 27–28.

BancOne Capital Markets. 2004. "Asset Backed Commercial Paper: 2003 Review and 2004 Outlook."

Bank for International Settlements (BIS). 2005. "The Role of Ratings in Structured Finance: Issues and Implications." Report submitted by a Working Group Established by the Committee on the Global Financial System, BIS. January.

Barnett-Hart, Anna Katherine. 2009. "The Story of the CDO Market Meltdown: An Empirical Analysis." Honors thesis, Department of Economics, Harvard College.

Barth, James R. 2010. *The Rise and Fall of the U.S. Mortgage and Credit Markets.* New York: Wiley.

Barth, James R., Tong Li, and Triphon Phumiwasana. 2008. "The U.S. Financial Crisis: Credit Crunch and Yield Spreads." Manuscript, Auburn University.

Basel Committee on Banking Supervision (BCBS). 1988. "International Convergence of Capital Measurement and Capital Standards" (Basel I). Basel: Bank for International Settlements, July.

———. 1998. "International Convergence of Capital Measurement and Capital Standards" (Basel I, updated to reflect several textual changes made since Basel accords of July 1988). Basel: Bank for International Settlements, April.

———. 1999. "A New Capital Adequacy Framework." Consultative paper issued by the Basel Committee on Banking Supervision, June.

———. 2006. "International Convergence of Capital Measurement and Capital Standards: A Revised Framework, Comprehensive Version" (Basel II plus elements of Basel I left in place by it). Basel: Bank for International Settlements, June.

———. 2009. "Report on Special Purpose Entities." Basel: Joint Forum, Bank for International Settlements.

Bass, Kyle. 2007. "Testimony before the Subcommittee on Capital Markets, Insurance, and Government Sponsored Enterprises." September 27.

Bebchuk, Lucien A., Alma Cohen, and Holger Spamann. 2009. "The Wages of Failure: Executive Compensation at Bear Stearns and Lehman [sic] 2002–2008." Working paper, Harvard Law School, November 22.

Bebchuk, Lucien A., and Holger Spamann. 2009. "Regulating Bankers' Pay." Discussion paper, John M. Olin Center, Harvard Law School. Revised version, October.

Bennett, Stephen Earl, and Jeffrey Friedman. 2008. "The Irrelevance of Economic Theory to Understanding Economic Ignorance." *Critical Review* 20 (3): 195–258.

Bernanke, Ben S. 2005. "Testimony Before the Joint Economic Committee." October 20.

———. 2010. "Monetary Policy and the Housing Bubble." Address at annual meetings of the American Economic Association, Atlanta, January 3. http://www.federalreserve.gov/newsevents/speech/bernanke20100103a.htm.

Bhattacharya, Sudipto, Arnoud W. A. Boot, and Anjan V. Thakor. 1998. "The Economics of Bank Regulation." *Journal of Money, Credit and Banking* 30: 745–70.

Bhidé, Amar. 2009. "An Accident Waiting to Happen." *Critical Review* 21 (2–3): 211–48.

———. 2010. *A Call for Judgment: Sensible Finance for a Dynamic Economy*. New York: Oxford University Press.

Blinder, Alan S. 2009. "Crazy Compensation and the Crisis." *Wall Street Journal*, May 28.

Blundell-Wignall, Adrian, and Paul Atkinson. 2008. "The Sub-prime Crisis: Causal Distortions and Regulatory Reform." Discussion paper, Organization for Economic Cooperation and Development.

Boettke, Peter J. 1997. "Where Did Economics Go Wrong? Modern Economics as a Flight from Reality." *Critical Review* 11 (1): 11–64.

Bolton, Patrick, Hamid Mehran, and Joel Shapiro. 2010. "Executive Compensation and Risk Taking." (Preliminary and incomplete draft.) Paper presented at conference on Governance, Executive Compensation and Excessive Risk in the Financial Services Industry, Sanford C. Bernstein & Co. Center for Leadership and Ethics, Columbia Business School, May 27–28.

Bordo, Michael. 1985. "Financial Crises, Banking Crises, Stock Market Crashes and the Money Supply: Some International Evidence, 1870–1933." *Revista di Storia Economica* 2: 41–78.

Brereton, Natasha. 2010. "Data Show Big Exposure for Banks in Euro Zone." *Wall Street Journal*, June 14.

Burton, Edwin T. 2009. "The Mark-to-Market Controversy and the Valuation of Financial Institutions." In *Insights into the Global Financial Crisis*, ed. Laurence B. Siegel. Charlottesville, Va.: Research Foundation of the CFA Institute.

Caballero, Ricardo J. 2010. "Macroeconomics After the Crisis: Time to Deal with the Pretense-of-Knowledge Syndrome." *Journal of Economic Perspectives* 24: 85–102.

Calomiris, Charles W. 2010. "The Political Lessons of Depression-Era Banking Reform." *Oxford Review of Economic Policy* 26: 540–60.

Caplan, Bryan. 2007. *The Myth of the Rational Voter*. Princeton, N.J.: Princeton University Press.

Carlson, Mark, and Kris James Mitchener. 2006. "Branch Banking, Bank Competition, and Financial Stability." *Journal of Money, Credit, and Banking* 38 (5): 1293–328.

Cassidy, John. 2008. "Subprime Suspect." *New Yorker*, March 31.

———. 2009. *How Markets Fail: The Logic of Economic Calamities*. New York: Farrar, Straus and Giroux.

Cheng, Ing-Haw, Harrison Hong, and Jose Scheinkman. 2009. "Yesterday's Heroes: Compensation and Creative Risk-Taking." Manuscript, SSRI, October.

Cohan, William D. 2009. *House of Cards: A Tale of Hubris and Wretched Excess on Wall Street*. New York: Doubleday.

Cohen, Richard. 2009. "How Is Cramer to Know What Insiders Don't?" *Investor's Business Daily*, March 17.

Colander, David, et al. 2011. "The Financial Crisis and the Systemic Failure of the Economics Profession." In Friedman 2011.

Condon, Bernard, and Nathan Vardi. 2009. "The Banker Who Said No." *Forbes.com*, April 3.

Converse, Philip E. [1964] 2006. "The Nature of Belief Systems in Mass Publics." *Critical Review* 18 (1–3): 1–74.

Core, John E., and Wayne R. Guay. 2010. "Is There a Case for Regulating Executive Pay in the Financial Services Industry?" Manuscript, Wharton School, January 25.

Cotter, Richard V. 1966. "Capital Ratios and Capital Adequacy." *National Banking Review* 3: 34–46.

Coval, Joshua, Jakub Jurek, and Erik Stafford. 2009. "The Economics of Structured Finance." *Journal of Economic Perspectives* 23: 3–25.

Cox, Rob, and Dwight Cass. 2009. "Tests May Spur Bank Mergers." *New York Times*, May 8.

Crews, Clyde Wayne, Jr. 2010. "Ten Thousand Commandments: An Annual Snapshot of the Federal Regulatory State." Washington, D.C.: Competitive Enterprise Institute.

Dash, Eric. 2009. "Banks Holding Up in Tests, but May Still Need Aid." New York Times, April 9.

DeCanio, Samuel. 2000. "Bringing the State Back In . . . Again." *Critical Review* 14 (2–3): 139–46.

———. 2006. "Mass Opinion and American Political Development." *Critical Review* 18 (1–3): 143–56.

Dewatripont, Mathias, Jean-Charles Rochet, and Jean Tirole. 2010. *Balancing the Banks: Global Lessons from the Financial Crisis*. Princeton, N.J.: Princeton University Press.

Dimon, James. 2009. "Letter to Shareholders." JPMorgan Chase Annual Report 2008.

Dizard, John. 2009. "The Inside Story on Reforms Is that There Is No Story." *Financial Times*, February 17: 10.

Dowd, Kevin, ed. 1992a. *The Experience of Free Banking*. London: Routledge.

———. 1992b. "U.S. Banking in the 'Free Banking' Period." In Dowd 1992a.

Evans, Anthony, and Jeffrey Friedman. 2011. "Search vs. Browse: A Theory of Error Grounded in Radical (Not Rational) Ignorance." *Critical Review* 23 (1–2).

Fahlenbrach, Rüdiger, and René M. Stulz. 2009. "Bank CEO Incentives and the Credit Crisis." Manuscript, Fisher College of Business, Ohio State University.

FDIC (Federal Deposit Insurance Corporation). 1984. *The First Fifty Years: A History of the FDIC, 1933–1983*. Washington, D.C.: FDIC.

Federal Reserve Board. 2007. "Flow of Funds Account of the United States." Z1. March 8.

Federal Reserve Board. 2008. *Profits and Balance Sheet Developments at U.S. Commercial Banks in 2007.* Washington, D.C.: Federal Reserve System.

Fischhoff, Baruch. 1982. "For Those Condemned to Study the Past: Heuristics and Biases in Hindsight." In Kahneman et al. 1982.

Foucault, Michel. 1979. *Discipline and Punish: The Birth of the Prison.* New York: Vintage.

Fox, Justin. 2009. *The Myth of the Rational Market.* New York: HarperCollins.

Freeman, Gaylord A., Jr. 1952. "The Problems of Adequate Bank Capital." Analysis Prepared for the Illinois Bankers Association.

Friedman, Benjamin M. 2009. "The Failure of the Economy and of the Economists." *New York Review of Books*, May 28.

Friedman, Jeffrey. 1996. "Introduction: Economic Models of Politics." In *The Rational-Choice Controversy: Economic Models of Politics Reconsidered*, ed. Jeffrey Friedman. New Haven, Conn.: Yale University Press.

———. 2006. "Taking Ignorance Seriously: Rejoinder to Critics." *Critical Review* 18 (4): 467–532.

———. 2009. "A Crisis of Politics, Not Economics: Complexity, Ignorance, and Policy Failure." *Critical Review* 21 (2–3): 127–84.

———, ed. 2011. *What Caused the Financial Crisis.* Philadelphia: University of Pennsylvania Press.

Friedman, Milton, and Anna Jacobson Schwartz. 1963. *A Monetary History of the United States.* Princeton, N.J.: Princeton University Press.

Frydman, Roman, and Michael D. Goldberg. 2009. "Financial Markets and the State: Price Swings, Risk, and the Scope of Regulation" Working Paper 29, Center on Capitalism and Society at Columbia University, February.

GAO (Government Accountability Office). 2007. "Deposit Insurance: Assessment of Regulators' Use of Prompt Corrective Action Provisions and FDIC's New Deposit Insurance System." Report to Congressional Committees, February.

———. 2009. "Fannie Mae and Freddie Mac: Analysis of Options for Revising the Housing Enterprises' Long-Term Structures." Report to Congressional Committees, September.

Geanakoplos, John. 2010. "Solving the Present Crisis and Managing the Leverage Cycle." Paper presented to the Financial Crisis Inquiry Commission, Washington, D.C., February 27–28.

Gigerenzer, Gerd. 2008. *Rationality for Mortals: How People Cope with Uncertainty.* New York: Oxford University Press.

Gilliam, Lee. 2005. "Accounting Consolidation versus Capital Calculation: The Conflict Over Asset-Backed Commercial Paper." *North Carolina Banking Institute Journal* 9: 291–315.

Gjerstad, Steven, and Vernon L. Smith. 2011. "Monetary Policy, Credit Extension, and Housing Bubbles: 2008 and 1929." In Friedman 2011.

Gorton, Gary. 2008. "The Panic of 2007." Prepared for Federal Reserve Bank of Kansas City Jackson Hole Conference, August.

———. 2009. "Slapped in the Face by the Invisible Hand: Banking and the Panic of 2007." Prepared for Federal Reserve Bank of Atlanta 2009 Financial Markets Conference, "Financial Innovation and Crisis," May 11–13.

Gorton, Gary, and Nicholas S. Souleles. 2005. "Special Purpose Vehicles and Securitization." Manuscript, National Bureau of Economic Research.

Graham, Jed. 2009. "Geithner Calls for Systemic Regulator and More Capital." *Investor's Business Daily*, March 27.

Greenspan, Alan. 2007. *The Age of Turbulence: Adventures in a New World*. New York: Penguin.

———. 2009. "The Fed Didn't Cause the Housing Bubble." *Wall Street Journal*, March 11, A15.

———. 2010. "The Crisis," 2nd draft. Manuscript.

Greenlaw, David, Jan Hatzius, Anil K. Kashyap, and Hyun Song Shin. 2008. "Leveraged Losses: Lessons from the Mortgage Market Meltdown." U.S. Monetary Policy Forum Report 2.

Grossman, Sanford J., and Joseph E. Stiglitz. 1980. "On the Impossibility of Informationally Efficient Markets." *American Economic Review* 70: 393–408.

Hanson, Samuel, Anil K. Kashyap, and Jeremy C. Stein. 2010. "A Macroprudential Approach to Financial Regulation." Manuscript, Harvard University and National Bureau of Economic Statistics. First draft: July.

Harrington, Shannon D., and Elizbeth Hester. 2007. "Citigroup to Consolidate Seven SIVs on Balance Sheet" (Update 3). Bloomberg, December 13.

Hart, Oliver, and Luigi Zingales. 2010. "Curbing Risk on Wall Street." *National Affairs* 3 (Spring): 20–34.

Hartgraves, Al L., and George J. Benston. 2002. "The Evolving Accounting Standards for Special Purpose Entities and Consolidations." *Accounting Horizons* 16 (3): 245–58.

He, Zhiguo, In Gu Khand, and Arvind Krishnamurthy. 2009. "Balance Sheet Adjustment." Presentation at Jacques Polak Research Conference, Washington, D.C., November 5–6.

Hellwig, Martin. 2010. "Capital Regulation After the Crisis: Business as Usual?" Preprints, Max Planck Institute for Research on Collective Goods, Bonn.

Hetzel, Robert L. 2009. "Should Increased Regulation of Bank Risk-Taking Come from the Regulators or from the Market?" *Economic Quarterly* 95 (2): 161–200.

Hirschman, Albert O. 1970. *Exit, Voice, and Loyalty: Responses to Decline in Firms, Organizations, and States.* Cambridge, Mass.: Harvard University Press.

Hoffman, Damien. 2009. "Is Nouriel Roubini a False Prophet?" *Wall St. Cheat Sheet*, August 19.

Ikeda, Sanford. 2003. "How Compatible Are Public Choice and Austrian Political Economy?" *Review of Austrian Economics* 16 (4): 63–75.

IMF (International Monetary Fund). 2008a. "Global Financial Stability Report: Containing Systemic Risks and Restoring Financial Soundness." April. Washington, D.C.: IMF.

———. 2008b. "Global Financial Stability Report: Financial Stress and Deleveraging." October. Washington, D.C.: IMF.

———. 2009a. "Global Financial Stability Report: Responding to the Financial Crisis and Measuring Systemic Risk." April. Washington, D.C.: IMF.

———. 2009b. "Global Financial Stability Report: Navigating the Challenges Ahead." October. Washington, D.C.: IMF.

Isaac, William M. 2009. "Testimony Before the Subcommittee on Capital Markets, Insurance, and Government Sponsored Enterprises of the Committee on Financial Services of the United States House of Representatives." March 12.

Ivashina, Victoria, and David Scharfstein. 2010. "Bank Lending During the Financial Crisis of 2008." *Journal of Financial Economics* 97(3) (September): 319–38.

Jablecki, Juliusz, and Mateusz Machaj. 2009. "The Regulated Meltdown of 2008." *Critical Review* 21 (2–3): 301–28.

———. 2011. "A Regulated Meltdown: The Basel Rule and Banks' Leverage." In Friedman 2011.

Jarsulic, Marc. 2010. *Anatomy of a Financial Crisis.* New York: Palgrave.

Johnson, Simon, and James Kwak. 2010. *13 Bankers: The Wall Street Takeover and the Next Financial Meltdown.* New York: Pantheon.

Jones, David. 2000. "Emerging Problems with the Basel Capital Accord: Regulatory Capital Arbitrage and Related Issues." *Journal of Banking and Finance* 24: 35–58.

Jones, Sam. 2008. "How Moody's Faltered." FT.com, October 17.

———. 2009. "Of Couples and Copulas." *Financial Times*, April 25–26.

Kacperczyk, Marcin, and Philipp Schnabl. 2009. "When Safe Proved Risky: Commercial Paper During the Financial Crisis of 2007–2009." Manuscript, NYU Stern School of Business. November.

Kahneman, Daniel, Paul Slovic, and Amos Tversky. 1982. *Judgment Under Uncertainty: Heuristics and Biases.* Cambridge: Cambridge University Press.

Kashyap, Anil K., Raghuram G. Rajan, and Jeremy C. Stein. 2008. "Rethinking Capital Regulation." Paper presented at Federal Reserve Bank of Kansas City symposium, "Maintaining Stability in a Changing Financial System," Jackson Hole, Wyoming, August 21–23.

Kay, Ira T. 2010. "Risk Taking or Mistake Making." Comments delivered at National Bureau of Economic Research Conference on Risk, June 17.

Keller, James. 2009. "The Myth of Systemic Collapse." RealClearMarkets.com, March 4.

Kirzner, Israel M. 1997. "Entrepreneurial Discovery and the Competitive Market Process." *Journal of Economic Literature* 35: 60–85.

Kling, Arnold. 2009. "The Unintended Consequences of International Bank Capital Standards." *Mercatus on Policy* 44 (April).

———. 2010. "The Financial Crisis: Moral Failure or Cognitive Failure?" *Harvard Journal of Law and Public Policy* 33: 507–18.

———. 2011. "Macroeconometrics: The Science of Hubris." *Critical Review* 23 (1–2).

Knight, Frank. 1921. *Risk, Uncertainty, and Profit.* Boston: Houghton Mifflin.

Kraus, Wladimir. 2011. "The Financial Crisis and the Future of Law and Economics." *Critical Review* 23 (1–2).

Krishnamurthy, Arvind. 2008. "The Financial Meltdown: Data and Diagnoses." Paper prepared for NBER Corporate Finance Credit Crisis meeting, Boston, November 20.

Kuritzkes, Andrew, and Hal Scott. 2009. "Markets Are the Best Judge of Bank Capital." *Financial Times,* September 23.

Labaton, Stephen. 1999. "Agreement Reached on Overhaul of U.S. Financial System." *New York Times,* October 23.

———. 2009. "S.E.C. Nominee Offers Plan for Tighter Regulation." *New York Times,* January 16: B3.

Lachman, Desmond. 2008. "Is U.S. Monetary Policy Really Too Loose? *The American,* September 3.

Landler, Mark, and Sheryl Gay Stolberg. 2008. "As Fingers Point in the Financial Crisis, Many of Them Are Aimed at Bush." *New York Times,* September 20.

Lane, Charles. 2010. "Contending with Paul Krugman, Part II." *Washington Post Online,* 10 June.

Lavoie, Don C. 1985. *Rivalry and Central Planning: The Socialist Calculation Debate Reconsidered.* Cambridge: Cambridge University Press.

Lehman Brothers. 2007. "Who Owns Residential Credit Risk?" U.S. Securitized Products Fixed Income Research, September 7.

———. 2008. "Residential Credit Losses—Going into Extra Innings?" U.S. Securitized Products Fixed Income Research, April 14.

Leonhardt, David. 2008. "Washington's Invisible Hand." *New York Times Magazine,* September 28.

———. 2010. "Heading Off the Next Financial Crisis." *New York Times Magazine,* March 22..

Lewis, Michael. 2010. *The Big Short: Inside the Doomsday Machine.* New York: Norton.

Levy, Ari. 2009. "Wells Fargo Assails TARP, Calls Stress Test 'Asinine.'" Bloomberg.-com, March 16.

Lewis, Michael. 2010. *The Big Short: Inside the Doomsday Machine.* New York: Norton.

Lowenstein, Roger. 2008. "Triple-A Failure." *New York Times Magazine,* April 27.

Lucchetti, Aaron, and Jeannette Neumann. 2010. "Kroll Gets a License to Shoot (Bonds)." *Wall Street Journal,* August 31.

Luce, Edward. 2009. "Subprime Explosion: Who Isn't Guilty?" Graphic: "Top Underwriters in Peak Years 2005–06." Financial Times, May 6.

Mabel, Cynthia C. 2001. "Bank Capital Requirements for Retained Interests in Securitizations." *North Carolina Banking Institute Journal* 5: 233–63.

Madrick, Jeff. 2009a. "Can They Stop the Great Recession?" *New York Review of Books,* April 8.

———. 2009b. "How We Were Ruined and What We Can Do."*New York Review of Books*, February 12.

———. 2009c. "They Didn't Regulate Enough and Still Don't." *New York Review of Books*, November 5.

McDonald, Lawrence G., with Patrick Robinson. 2009. *A Colossal Failure of Common Sense: The Inside Story of the Collapse of Lehman Brothers*. New York: Crown Business.

Mehran, Hamid, and Joshua Rosenberg. 2010. "The Effect of CEO Stock Options on Bank Investment Choice, Borrowing, and Capital." Manuscript, Federal Reserve Bank of New York Research and Statistics Group.

Mill, John Stuart. [1836] 1967. "On the Definition of Political Economy and the Method of Investigation Proper to It." In *Collected Works of John Stuart Mill*, vol. 4. Toronto: University of Toronto Press.

Morgenson, Gretchen. 2008. "Debt Watchdogs, Caught Napping." *New York Times*, December 7.

Narayanan, V. G., Fabrizio Ferri, and Lisa Brem. 2010. "Executive Pay and the Credit Crisis of 2008 (A)." Harvard Business School case study 9–109–036, rev. June 24.

Nisbett, Richard, and Lee Ross. 1980. *Human Inference: Strategies and Shortcomings of Social Judgment*. Englewood Cliffs, N.J.: Prentice-Hall.

Norris, Floyd. 2008. "Another Crisis, Another Guarantee." *New York Times*, November 25.

———. 2009. "It May Be Outrageous, But Wall Street Pay Didn't Cause the Crisis." *New York Times*, July 31.

———. 2010. "Seeking a Safer Way to Securitization." *New York Times*, February 6.

Norton, Joseph J. 1995. "Devising International Bank Supervisory Standards." *International Banking and Finance Law* 3: 46–49.

New York State Bankers Association. 1952. "A Report of the Committee on Risk Asset Ratio Study."

Office of the Comptroller of the Currency (OCC). 2009. "Testimony of Kevin J. Bailey, Deputy Comptroller, Office of the Comptroller of the Currency, before the Subcommittee on Capital Markets, Insurance, and Government Sponsored Enterprises of the Committee on Financial Services of the United States House of Representatives." March 21.

Pittman, Mark. 2007. "Betting on a Crash: The Gamble of J. Kyle Bass." *Bloomberg News*, December 19. www.nzherald.co.nz/business/news/article.cfm?c_id = 3&objected = 10484879.

Pittman, Mark, Alan Katz, and David Mildenberg. 2008. "Citigroup, Wells Fargo May Loan Less After Downgrades (Update 3)." *Bloomberg.com*, April 8.

Plender, John. 2009. "Error-Laden Machine." *Financial Times*, March 3: 8.

Popper, Karl R. 1961. *The Poverty of Historicism*. New York: Harper & Row.

Posner, Richard A. 2009. *A Failure of Capitalism: The Crisis of '08 and the Descent into Depression*. Cambridge, Mass.: Harvard University Press.

Poszar, Zoltan, Tobias Adrian, Adam Ashcraft, and Hayley Boesky. 2010. "Shadow Banking." Federal Reserve Bank of New York Staff Report 458, July.

Rajan, Raghuram. 2006. "Has Financial Development Made the World Riskier?" *European Financial Management* 12: 313–64.

———. 2008. "Bankers' Pay Is Deeply Flawed." *Financial Times*, January 8.

———. 2010. *Fault Lines: How Hidden Fractures Still Threaten the World Economy.* Princeton, N.J.: Princeton University Press.

Rieker, Matthias. 2010. "At J. P. Morgan, Eye on Consumer Banking." *Wall Street Journal*, January 15.

RiskMetrics. 2008. "On the White Board." December. http://www.riskmetrics.com/on_the_whiteboard/20081215.

Rochet, Jean-Charles. 2010. "The Future of Banking Regulation." In Dewatripont et al. 2010.

Rodriguez, Robert L. 2007. "Absence of Fear." Speech, CFA Society of Chicago, June 28.

Roubini, Nouriel, and Stephen Mihm. 2010. *Crisis Economics: A Crash Course in the Future of Finance.* New York: Penguin.

Ryon, Sandra L. 1969. "History of Bank Capital Adequacy Analysis." FDIC Working Paper 69–4. Washington, D.C.: FDIC Division of Economic Research.

Salmon, Felix. 2007. "The Weakness of Marking Subprime Bonds to Market." *Seeking Alpha* (blog), December 5.

Samuelson, Paul. 1973. *Economics.* 9th ed. New York: McGraw-Hill.

Schuler, Kurt. 1992. "The World History of Free Banking: An Overview." In Dowd 1992a.

SEC (Securities and Exchange Commission). 2008. "Report and Recommendations Pursuant to Section 133 of the Emergency Economic Stabilization Act of 2008: Study on Mark-to- Market Accounting." Washington, D.C.: Office of the Chief Accountant, Division of Corporate Finance, December.

Segal, David. 2010. "The X Factor of Economics." *New York Times*, October 17.

Selgin, George A. 1988. *The Theory of Free Banking.* Totowa, N.J.: Rowman and Littlefield.

———. 1994. "Are Banking Crises Free-Market Phenomena?" *Critical Review* 8 (4): 591–608.

Sen, Amartya K. 1979. "Equality of What?" In *The Tanner Lectures on Human Values*, vol. 1, ed. Steling McMurrin. Salt Lake City: University of Utah Press.

Sender, Henry. 2010. "Fed Makes 'a Killing' on AIG Contracts." *Financial Times*, January 20.

Senior Supervisors Group. 2008. "Observations on Risk Management Practices During the Recent Market Turbulence." Basel, March 6.

Shiller, Robert J. 2000. *Irrational Exuberance.* Princeton, N.J.: Princeton University Press.

———. 2005. *Irrational Exuberance.* 2nd ed. New York: Broadway.

———. 2008. *The Subprime Solution: How Today's Global Financial Crisis Happened, and What to Do About It.* Princeton, N.J.: Princeton University Press.

Simon, Herbert A. 1985. "Human Nature in Politics: The Dialogue of Psychology with Political Science." *American Political Science Review* 79:293–304.

Slater, John. 2009. "How Much Risk Is the Treasury Really Assuming from Financial Institutions?" *Seeking Alpha*, April 8. http://mergers.com/toughtimes/2009/how-much-risk-is-the-treasury-really-assuming-from-the-financial-institutions/.

Smick, David M. 2010. "A Never-Ending Economic Crisis?" *Commentary*, January.

Smith, Joseph A., Jr. 2002. "The Federal Banking Agencies' Guidance on Subprime Lending: Regulation with a Divided Mind." *North Carolina Banking Institute* 6: 73–263.

Smith, Elliot Blair. 2008a. "Bringing Down Wall Street as Ratings Let Loose Subprime Scourge." Bloomberg.com, 24 September.

———. 2008b. "'Race to Bottom' at Moody's, S&P Secured Subprime's Boom, Bust." Bloomberg.com, 25 September.

Stanton, Richard, and Nancy E. Wallace. 2008. "ABX.HE Indexed Credit Default Swaps and the Valuation of Subprime MBS." University of California, Berkeley, Fisher Center for Real Estate and Urban Economics, working paper 312stanton-wallace. 15 February.

Stiglitz, Joseph E. 2009. "The Anatomy of a Murder: Who Killed America's Economy?" *Critical Review* 21 (2–3): 329–40.

———. 2010a. *Freefall: America, Free Markets, and the Sinking of the World Economy.* New York: Norton.

———. 2010b. "The Non-Existent Hand." *London Review of Books*, April 22: 17–18.

———. 2011. "The Anatomy of a Murder: Who Killed the American Economy?" In Friedman 2011.

Stiglitz, Joseph E., and Andrew Weiss. 1981. "Credit Rationing in Markets with Imperfect Information." *American Economic Review* 71: 393–410.

Story, Louise, and Gretchen Morgenson. 2010. "A Rift at the Fed over the Bailout of AIG." *New York Times*, January 23.

Taleb, Nassim N. 2005. *Fooled by Randomness: The Hidden Role of Chance in Life and in the Markets.* New York: Random House.

———. 2007. *The Black Swan: The Impact of the Highly Improbable.* New York: Random House.

Tarullo, Daniel K. 2008. *Banking on Basel: The Future of International Financial Regulation.* Washington, D.C.: Peterson Institute for International Economics.

Taylor, John B. 2009. "Economic Policy and the Financial Crisis." *Critical Review* 21 (2–3): 341–64.

Taylor, John B. 2011. "Monetary Policy, Economic Policy, and the Financial Crisis: An Empirical Analysis of What Went Wrong." In Friedman 2011.

Tetlock, Philip E. 2005. *Expert Political Judgment: How Good Is It? How Can We Know?* Princeton, N.J.: Princeton University Press.

Tett, Gillian. 2009a. *Fool's Gold: How the Bold Dream of a Small Tribe at J.P. Morgan Was Corrupted by Wall Street Greed and Unleashed a Catastrophe.* New York: Free Press.

———. 2009b. "Genesis of the Debt Disaster." *Financial Times*, May 1.

Thanassoulis, John. 2009. "This Is the Right Time to Regulate Bankers' Pay." *Economists' Voice*, April.

Timiraos, Nick. 2010. "Mortgage Delinquencies Decline." *Wall Street Journal*, November 19.

UBS. 2008. "Shareholder Report on UBS's Write-Downs." April 18.

Varghese, Romy. 2010. "Analyst Whitney Plans to Start Credit-Rating Firm." *Wall Street Journal*, November 19.

Volcker, Paul. 2010. "'The Time We Have Is Growing Short.'" *New York Review of Books*, June 24.

Wallison, Peter J. 2009a. "Cause and Effect: Government Policies and the Financial Crisis." *Critical Review* 21 (2–3): 365–76.

———. 2009b. "Deregulation and the Financial Crisis: Another Urban Myth." Financial Services Outlook. Washington, D.C.: American Enterprise Institute for Public Policy.

———. 2011a. "Housing Initiatives and Other Policy Factors." In Friedman 2011.

———. 2011b. "Credit-Default Swaps and the Crisis." In Friedman 2011.

Weber, Max. [1918] 1946. "Science as a Vocation." In *From Max Weber: Essays in Sociology*, ed. H. H. Gerth and C. Wright Mills. New York: Oxford University Press.

———. [1968] 1978. *Economy and Society*, vol. 1. Ed. Guenther Roth and Claus Wittich. Berkeley: University of California Press.

———. [1920–21] 1958. *The Protestant Ethic and the Spirit of Capitalism.* New York: Charles Scribner's Sons.

Wesbury, Brian S. 2010. *It's Not as Bad as You Think*. Hoboken, N.J.: John Wiley.

WRCM (Western Reserve Capital Management). 2009. "Negative Feedback Loop." February 9.

White, Lawrence J. 2011. "The Credit-Rating Agencies and the Subprime Debacle." In Friedman 2011.

Winston, Clifford. 2006. *Government Failure vs. Market Failure.* Washington, D.C.: AEI- Brookings Joint Center for Regulatory Studies.

Zandi, Mark. 2008. *Financial Shock: A 360-Degree Look at the Subprime Mortgage Implosion, and How to Avoid the Next Financial Crisis.* Upper Saddle River, N.J.: FT Press.